极限控制

EXTREME OWNERSHIP

美国海豹突击队的实战启示

U0654913

【美】约克·威林克（Jocko Willink）
【美】立夫·巴宾（Leif Babin） |著 李菲|译

Wuhan University Press
武汉大学出版社

图书在版编目(CIP)数据

极限控制 ／ （美）约克·威林克，（美）立夫·巴宾著；李菲译.
—武汉：武汉大学出版社，2016.12 (2022.3重印)
　ISBN 978-7-307-17889-2

　Ⅰ.极… Ⅱ.①约… ②立… ③李… Ⅲ.特种部队—军事训练
—美国　Ⅳ.E712.56

中国版本图书馆CIP数据核字（2016）第115135号

EXTREME OWNERSHIP: HOW U.S. NAVY SEALS LEAD AND WIN
Text Copyright © 2015 by Jocko Willink and Leif Babin
Published by arrangement with St. Martin's Press, LLC. All rights reserved.

本书原版书名为EXTREME OWNERSHIP: HOW U.S. NAVY SEALS LEAD AND
WIN。
本书作者Jocko Willink和Leif Babin，由St. Martin's Press有限责任公司2015年出版。
版权所有，盗印必究。

责任编辑：袁侠　刘汝怡　责任校对：叶青梧　版式设计：刘珍珍

出版发行：**武汉大学出版社**　（430072　武昌　珞珈山）
　　　　　（电子邮箱：cbs22@whu.edu.cn　网址：www.wdp.com.cn）
印刷：北京一鑫印务有限责任公司
开本：880×1230　1/32　印张：8　字数：250千字
版次：2016年12月第1版　2022年3月第3次印刷
ISBN 978-7-307-17889-2　定价：42.00元

版权所有，不得翻印；凡购我社的图书，如有质量问题，请与当地图书销售部门联系调换。

谨以此书向马克·李、麦克·蒙苏尔和瑞安·雅布致敬

——他们是三位勇敢的战士、海豹突击队队员，

也是很好的朋友；

——他们曾在拉马迪混乱的贫民街区勇敢抗敌，

为让他人更好地生活而献出了生命。

极限控制／The Limits of Control

目 录

CONTENTS

第二部分　战场的法则

第三部分　使胜利成为习惯

前 言

"就这样，我上前线了……"

许多荣耀的战争故事都是这样开始的。在海豹突击队，谁要是敢给自己的故事添枝加叶，我们都会鄙视他。通常，我们讲述战争故事都是以开玩笑的方式开始的："那么，闲话不说，我现在已经深陷枪林弹雨之中了……"

在这本书里，我们并不是要讲述某个人的光辉战史。经历过世间最严苛的筛选、最枯燥的训练，进入海豹突击队的每一个成员都是高水准、多才能的。海豹突击队的所有训练项目都与团队紧密相关，集体的利益高于一切。我们把这个专业的战争团体简称为"团队"（the Teams），我们则自称"队员"（team guys）。本书记录的是我们海豹突击队员亲身经历的训练过程及作战经历——都是从个人的角度而言的，希望我们的经历、接受到的理念以及养成的习惯，可以影响每一位读者，适用于他们的工作与生活之中。

海豹突击队的行动无关我们个人，而是与我们有幸参与其中的海豹战队及所肩负的任务息息相关。克里斯·凯尔，是海豹突击队里的狙击手，也是被改编成电影的畅销书《美国狙击手》的作者，查理野战排的首席狙击手，更是"猛士"支队的领袖人物。在本书所举的作战经历中，他跟其他大部分队员一样，尽管非常优秀，但在完成任务的过程中，他也并非一帆风顺。本书中的战斗场景，记录的是我们如何团结一心去面对险阻，克服困难的。毕竟，没有团队，也就没有英雄的个体。

从越南战争到全球反恐，美国军队执行了一次历时30年的非持续性战争任务。除参与了几次小冲突（如格林纳达、巴拿马、科威特、索马里亚）之外，现在的大部分美军指挥官都缺乏真实的实战经历，所以在海豹突击队，指挥官正处于"青黄不接"之时，因为那些曾在越南丛林中披荆斩棘的指挥官们都退休了，他们在战争中的经验也就无法在军中延续了。

这一切在2001年9月11日得到了改变，那次发生于美国本土的恐怖袭击再次让美国陷入了持续的战争之中。伊拉克和阿富汗十多次战争和激烈的冲突使得新一代战争英雄诞生于美国的作战部队里。这些英雄可不是在课堂里的假设情境和理论中出现的，而是在战场前线的敢死队中出现的——平日里我们学到的理论在战场上得到了印证，课本中对战争的记录都在烟火中变得真实起来。许多美军将士已经遗忘了往昔战争中留下的教训，为此付出了血的代价；而某些在训练时得出的原则在实战中被印证为无效。终于，有效的理论被记录了下来，而那些不实际的理论则被废弃了，就是这样，新一代战争英雄诞生于广大的美国军队之中——陆战队、海上战队和空中战队——当然也包括我们这个"团队"在内。实际上，美国海军海豹突击队是这种英雄的"生产最前线"，他们经历了最严酷的战争洗礼，能更深切地领会到，如何在面临冲突与挑战的环境下赢得胜利。

新一代的战争英雄有许多故事。多年的实战经历和接踵而来的胜利，包括举世瞩目的刺杀本·拉登的行动，使美国海豹突击队吸引了全世界的眼球。实际上，我们所受到的关注是我们大部分人所不希望的。这种关注使我们团队本应保密的地方曝光了。在本书中，我尽可能小心地不去曝光更多私密的地方。我尽量避免讨论作战行动中的保密内容或违反相关的保密协议。

从某种意义上讲，这本书堪称是一本卓越的海豹突击队员的回忆录。书中有些故事是由经历丰富、备受尊敬的指挥官写成，他们希望记录下我们的英雄事迹及成就；当然，也有一些是由那些"看起来并不起眼的人"写成。我们大多数海豹队员都是这样，一旦有关于海豹突击队的书出版发行，我们都会争着看的。

那么，我们为什么要写这本书呢？作为战场上的英雄，在一次次战胜与战败之中，我们已经受到了非常有价值的教育。我们犯过错，并从中汲取教训，发现了什么是有效的，什么不是。我们训练出许多海豹突击队的指挥官，并看着他们按照我们曾经在艰苦卓绝的战场上所总结出的原则行事。我们退伍之后意识到，我们曾在战场上所遵循的使我们获取胜利的原则，同样适用于我们的工作、乃至生活中。不论是在海豹突击队里还是在工作或生活中，许多人都恳求我们，希望将我们在战场上所学到的东西与他们分享。

我们写这本书，是为了给后人记录下那些可以引导我们获取胜利的原则，那样大家就不会忘记；新的战争起起落落，这些用鲜血和生命换来的经验不会再让人付出血的代价。我们写这本书，是为了使这些宝贵的经验能继续影响更多的人，包括所有团队的领导者、成员——任何企业、团队、或一群想要达成愿望或完成任务的人所组成的组织和每一个成员。我们写这本书，是希望各行各业中每一个渴求成功的人，能用得上这些曾经指引我们走向胜利的原则。

我们是谁，竟要写这样的书？似乎，所有想教导别人如何获取胜利的人，都把自己当成该被人们争相膜拜的典范。但是，我们不是，因为我们并不完美。作为海豹突击队队员的我们，每天都在学习，都在成长。能经历那么多有价值的训练与战争的洗礼，我们真是太幸运了。我们尽了最大的努力，将这些经验传授出去，不是以高高在上的姿态，而是以平等的态度，向读者展示我们失败时留下的伤疤。

我们是约克·威林克和立夫·巴宾，海豹突击队的指挥官，在伊拉克自由行动（也称美伊战争）中，我们曾一起在拉马迪并肩作战。在那里，我们都熟悉了战争的残酷。很幸运，我们组建、训练出了一支高效能的不败之师。战场上，我们的位置真的随时可能被一大群装备良好的精兵所取代，所以我们明白，骄傲自满是绝对不可取的。我们明白，失败是什么意思，失败就是输，就是你棋低一着，被人抓住了软肋，被击倒。这些教训是很惨重的，但也是很有价值的。我们认识到，完成任务时，我们必须要有坚定的信念和毅力，这样才能获得成功，尤其是在别人怀疑时，信念和毅力尤为重要。作为海豹突击队的中级军官，我们积累了一系列的实战经验，并对其有效程度进行了测定和确认。然后，我们对突击队里的成员们开展了极为严苛的训练，并将这些做了理论记载，提供给下一代海豹突击队的指挥员们。

我们"猛士"特混支队经历过那场名为"拉马迪战役"的洗礼。但本书并不是要将那些战争经历载入史册。本书如此简短，我们不可能面面俱到地讲述在那里服役、战斗、流血、牺牲的所有兄弟姐妹们所经历的所有磨难和痛苦。我们——本书的作者和参与过拉马迪战役的海豹突击队员们——都为我们所在的这个团队所表现出来的勇气、奉献精神、专业素养以及无私和勇于献身的精神所深深折服，我们这个支队同时隶属于美国陆军第2旅——第28步兵旅战斗队和第1装甲师第1旅——第1旅特战队。这些包括了美国陆海军最勇敢、最传奇的战队。要将他们的英雄事迹和对任务和国家的奉献精神都详细记载下来，那可能得要一整套书才行。愿上帝保佑他们所有人。

很荣幸那一帮在拉马迪作战的兄弟们中就有我们这一支海豹战队：海豹特种作战部队"猛士"特混支队。同样，以下章节所述的战争经历都不是为了载入史册的。我们引用了一些我们交流的内容，但它们会因为时间流逝和我们记忆力的衰退而逐渐褪色，本书的篇幅有限，我们也无法将它们完全记录下来。本书已提交给美国国防部安全审查委员会进行国家安全性需求的检验。我们已经尽最大的努力，去保护曾跟我们并肩作战的以及至今仍然在服役的海豹突击队的兄弟们。他们是沉默的大多数，不会主动要求被关注，我们必须十分严肃认真地承担起保护他们的重任。

我们跟第1旅特战队的其他人一样做好了防备。我们几乎都是用各自的军衔来称呼这些勇敢的陆海军将士的。这样做一点也没有贬低他们的意思，只是为了确保他们个人信息的安全。

本书的主旨是通过阐述海豹突击队在战场上取得成功的原则，比如突击队员是如何训练的，他们的军官是如何培养出来的，他们是如何打造这个团队，并使之成长为高效能的团队，以及他们在战场上是如何获取胜利的——这些胜利的原则可以直接适用于各组织、机构、企业以及个人，从更大层面上而言，还包括生活中的成功。本书向读者介绍了我们成功的秘诀：使海豹突击队取得卓越成就的思维模式和指导原则，并教导读者，为了达到成功，该如何将这些原则直接用于工作以及生活。

写在前面

拉马迪：战争英雄的困境

立夫·巴宾

　　"悍马"[①]护航车队在小河道旁停下来时，才能听到柴油机轻轻的嗡嗡声。夜色中，到处都是伊拉克的农田和枣椰林。夜晚很宁静，偶尔能听到远处村庄里的狗叫，看到一点点零星的灯光。如果情报属实，有一个特级恐怖分子头目就驻扎在那个村子里，也许还带着荷枪实弹的随从。车队这里没有一点光，道路上一片漆黑，伸手不见五指。但是，在夜视眼镜的绿光下，我们看到了活动的身影：一支海军海豹野战队戴着头盔，身穿防弹衣，全副武装，跟一些伊拉克士兵一起，从车上下来，迅速集结成侦察队队形，准备出发了。

　　一名军用爆炸物处理（EOD)专家走上前去，发现前面的河上

---

① "悍马"：即高机动多用途轮式车，英文缩写HMMWV，也俗称"悍马"。

有一座土桥。暴乱分子总会在这样的制扼点安放致命的炸药。只要碰到小块的锯齿状金属并受到灼热刺激，有些炸药足以炸毁一整辆车及车上的所有人。现在，前面的路清晰可见，海豹突击队的攻击力量和伊拉克士兵们悄悄地徒步过桥，朝几栋据称有恐怖分子在里边藏身的建筑走去。这个特别邪恶的暴恐头目是伊拉克臭名昭著的"基地组织"领导者，身负成千上万美国军人②、伊拉克安保部队以及无辜平民的性命，已经逃避追捕好几个月时间了。现在就是在他采取下一步行动之前俘虏或杀掉他的关键的良机。

　　海豹突击队员们沿着居民区高墙之间的窄小街道，慢慢朝目标建筑物的门口靠近。

　　轰隆隆！

　　炸药猛烈的冲击冲破了夜晚的宁静。房门被冲开，全副武装的士兵们冲进了房子里，吵醒了驻扎在房里的人们。"悍马"护航车队也越过了土桥，朝那条只够容一辆车通行的窄小街道开过来，停在了目标建筑物附近的安全地带里。每辆车的炮塔里都有一名海豹突击队员和一挺重机枪，准备一有不测便提供火力支援。

....

②根据美国国防部的相关政策，本书中所说的"将士"特指美军将士，而"海军"特指"美国海军"。

极限控制

我是地面部队的指挥官，是本次行动的海豹突击队最高长官。我刚从指挥车上下来，走到目标建筑物旁边的街道上时，突然有人叫道："我们发现了一个嫌犯！"原来是我们的军用爆炸物处理专家在旁边发现了一个从目标建筑物里逃出来的人。也许那个人正是暴恐头目，或者是知道暴恐头目行踪的人。我们可不能放过他。军用爆炸物处理专家和我是唯一能追捕他的人，因此我们决定去追捕他。我们穿过了一条窄小的巷子，跑过了许多房子，还经过了与我们护航队车辆停靠的街道平行的一条漆黑的小巷。终于，我们抓住了他，一个伊拉克中年男人，身着传统的阿拉伯长袍，或称迪士达沙（一种长至脚踝的宽松服装）。我们按训练时那样，很快把他压倒在地上，控制住他的双手。他手上没有武器，但可能口袋里装着手榴弹，更糟的是，他衣服下面可能有爆炸性自杀带。任何跟这么极端的暴恐头目有关的人都可能有这样令人恐怖的装置，我们实在不敢掉以轻心。为了以防万一，我们必须对他搜身。

　　那一刻，我很明白，我们是孤独的，完全与我们的团队隔离了。其他海豹突击队员们都不知道我们在哪里。我们没时间通知他们了，我甚至都不确定我们所处的地点离他们有多远。我们周围不知道是什么屋子还是房子黑漆漆的窗子和屋顶，我们的敌人可能就藏在这里，随时准备袭击，将我们送进地狱。我们必须尽快回去，跟战友们会合。

　　但还来不及给那人铐上手铐并检查武器，我就听到了什么动静。透过夜视眼镜，我看到，距我们不到40码远的那个角落里，突然聚集了七八个人。他们全副武装，快速朝我们奔来。霎时间，我都不敢相信自己的眼睛。但眼前的一切是确定无疑的：AK-47步枪的轮廓清晰可辨，一架RPG-7③地对空推进式榴弹，一挺机枪和至少有一个弹药带的弹药。他们可不是要跟我们握手言和的。他们是武装到牙齿，随时准备攻击我们的敌人。

　　此刻，我们俩——就是我和那位爆炸物处理专家——到了生死攸关的紧要关头。那个被我们控制的可能是暴恐头目的伊拉克人还没被搜身，这可是非常危险的。我们需要回头，跟我们的战友们团结一致。现在，一大帮敌人正用重火力对准我们，我们的人数和武器都远远比不上他们。最后，我不顾一切地承担起长官的职责，放开到手的俘虏，继续我自己作为长官的职责，控制武力部队和护航车队，与我们在远方的支援力量取得联系。这一切必须迅速完成。

....

③RPG-7：俄国设计肩扛式榴弹，因为其性能高，美军的对手普遍爱用。与大众所喜爱的不同，RPG并不是说火箭推进式榴弹，而是俄语"Ruchnoy Protivotankovy Granatamyot"的缩写，简单翻译过来就是"手持式对抗坦克的榴弹发射器"。

我也曾经在伊拉克指挥过战斗，但从未遇到过像今天这样的局面。尽管经常在电影和电子游戏中见到战斗的场面，但现在眼前的一切显然不是电影，更不是什么游戏。面前的这些人配备的武器精良，他们决心杀害美国和伊拉克的将士们，不能轻易靠近。如果有人落入他们手里，那我们都不会知道他们会受到怎样的蹂躏，全世界只能通过摄像头的画面看到他们被斩首。那些敌人只求能杀掉我们，为此不惜付上生命的代价。

　　我很明白，每一瞬间都可能血流成河，所以时间非常宝贵。这种状况可能压垮任何最具战斗力的战场老兵和任何最有经验的指挥官，然而，我脑海里一直回荡着我的直接上司，我们中队的长官，约克·威林克的话，一整年强烈的训练和紧张的准备过程中，我一直都会听到这些："放松。观察周围情况。呼救。"我们海豹陆战队受训时经历过多次令人绝望的混乱的状况，为的就是来面对像这样的战争局面。我知道要如何实施约克教给我们的战争法则：掩护，行动，简化程序，按重要性安排并处理事务。战争的规则不只是教会我们如何应对像这样的危机，而是真正地拼搏，使我们大家一起控制住敌人，并赢得胜利。这些原则指导我的下一步行动。

　　按事情的重要性做安排：手头这么多紧要任务，如果我不首先压制住敌人，那几秒钟内，一切都会完蛋。我们会死去。更糟的是，敌人会继续攻击，可能杀害更多我们海豹突击队的战友兄弟。我最重要的任务就是阻止这一切的发生。

行动：我毫不迟疑地用我的柯尔特M4对准了那一排敌军第一个扛着RPG的枪手，一枪打中了他。他倒下了，我迅速调整枪口，对准下一个，下下一个敌人。枪声就告诉了近旁所有人，火战开始了。敌人完全没有预料到我会这么做。他们慌了神，那些还能跑的人迅速沿着来时的路跑了回去。我一直用枪对准他们，因此他们连滚带爬地逃走了，有些人甚至拽着死伤者一起消失在街角。我知道我至少击中了三四个人。尽管一次枪击就击中了对手，扰乱了他们的战略布置，但5.56mm的枪口还是太小了，攻击力明显不足。现在他们都聚在一起，有些无疑已经死了，有些伤得很重，活不了多久了。但那些没有受伤的会重新聚集起来，再次发动攻击，很可能会有更多枪手加入他们。

我们必须行动。我们没有时间做详细而周密的计划。我甚至都没有时间去给身旁的爆炸物处理专家下达特定的指令。而我们必须马上行动。处理完了最最重要的任务——即那些全副武装想要攻击我们的敌军——也对俘虏搜过身（至少暂时稍稍搜了一遍），我们接下来就要去跟海豹突击队成员们会合。为了达到这一目的，爆炸物处理专家和我相互掩护对方，开始合作起来。我掩护他赶往下一个地方，然后换他来掩护我。我再去一个新的地方掩护他。就这样，我们押着俘虏，朝队伍所在地赶去。我们刚抵达一个直角形的巷子里的一面铁墙时，我举起了武器防备不测，而爆炸物处理专家则对俘虏进行了搜身，但他并没带任何武器。于是我们继续返回，回到我们队伍所在的地方，回去之后便马上将俘虏交给了跟队伍在一起的看管俘虏的人员。然后，我恢复了地面指挥官的样子，命令管理护航队的军官调派一辆"悍马"，载着50口径重机枪，赶到我们可能与敌人继续战斗的位置上。然后我命令无线电技师跟我们的战术作战中心（TOC）取得联系，请他们在必要的时候给予我们空中支援。

接下来的半个小时，敌军一直想追击我们，并朝我们的方向赶过来。但我们总能抢先一步，不断地猛烈回击他们。我们后来才发现，我们抓到的那个人并不是我们的目标人物。我们只是盘问了他几句，然后他就被关押了起来，但最后还是放过了他。那天晚上，我们并没有找到我们的目标人物。我们抵达之前，暴恐头目可能就离开了。但我们至少杀了他的一些虾兵蟹将，并且掌握了关于他的行动和组织的一些重要情况。尽管那次行动并没有达到初始的目标，但我们确实给了恐怖分子及其同伙以警示，他们是没有地方可以藏身的。这很可能让他（至少在短期内）更关注自己的安危，而不是忙着策划下一次袭击。从这个角度而言，我们至少保护了美国人和伊拉克安保部队以及无辜平民的生命，这对我们而言是个安慰。

对我来说，最大的收获还是实战经验。有一些原则很简单，就像行动前的确认通知一样，我需要更仔细地观察地图，以便记住目标物旁边的基础设施和所处地段，以防我无法马上查看地图时需要。有些是程序性的，像在未与队伍里的其他人协商之前，就为我们所有指挥官确定，追捕俘虏该追多远。其他的经验则更关键：准确了解并掌握了战争的法则之后，我们不仅在艰难而危急的境况下得以安全脱身，并且控制住了局面。所有海豹突击队的英雄们和我都认识到，不论是在战火硝烟之中，还是任何充满变数或高压的状态下，这些法则都同样有用。在拉马迪战斗的数月里，在我在海豹突击队服役的整个过程之中，以及那之外的生活中，这些经验和原则一直都在指引我前行。

无论是战场还是职场，任何需要团队合作才能完成任务达成目标的情况下，以上原则都发挥着重要的作用。只要正确地理解并履行了那些法则和原则，任何团队、组织都将取得胜利。

最重要的因素

立夫·巴宾、约克·威林克

本书的内容是为了那些希望提高自己的男人、女人们而写的。尽管本书描绘了一些海豹突击队激烈的战斗场面，但本书并不仅仅是一部战争回忆录。本书记录的是我们从战争中学到的经验，我们希望能帮助我们的读者们取得成功。如果本书真正能够帮助那些渴求成功的人打赢人生中的一场场"战役"，那我们写这本书的目的也就达到了。

在所有已出版的关于获取胜利的书中，我们发现，许多书都强调个人经历以及个性的作用。但是，很多时候，你都不是一个人在战斗，你的背后总会有一个集体——一群努力想达成目标的人，或可以为你提供支持、资源的人。评判一个人是否优秀，最要紧的还是看他以及他所在的团队在完成任务时，是成功还是失败。这世间只有两种人：一种是高效能的；一种是低效能的。高效能的人可以和他的团队完成他们的任务，并取得成功；但低效能的人就无法引领团队获得成功。只有正确领会并施行了本书所述的原则和理念，才能在自己的领域里大展身手。

每个人或团队在某个时间点上如果失败，就必须面对它。这个话题是本书的主要内容之一。我们不是万无一失的"神"，不论经历多么丰富，没有人称得上完美。所有的问题，我们也不是都有答案，任何人都不会有。我们也犯过大错。通常，这些错误会给我们深刻的教训，让我们变得谦卑，让我们更好地成长。对每一个人而言，勇于承认自己的错误，承担因此而来的责任，并想出对策来应对紧急状况是成功的必要条件。最优秀的人不会受自尊心和个人决策的影响，他们只是关注自己的任务，并努力思考要怎样做到最好。

作为海豹突击队的一员，我经历过成功的辉煌，也体会过失败的沮丧。我们的战争经历和本书中的故事都是我们军旅生涯的亮点：海豹突击队第三战队"猛士"支队，2006年，我们在伊拉克拉马迪那次历史性的战斗部署，就是所谓的"拉马迪战役"的一个插曲。立夫和他们查理野战排的兄弟，包括那位首席狙击手和核心队员，"美国狙击手"克里斯·凯尔，以及他们德尔塔战排里的海豹突击队兄弟们，他们曾一起经历过海豹突击队历史上最严重、持续时间最长的城市战斗。"猛士"支队是美国第一装甲师的主要作战部队,第一旅特战队"取胜、清理障碍、掌控局面并建立秩序"的策略全面解放了因被暴恐分子占领而变得千疮百孔的拉马迪城,并从根本上降低了犯罪率。这些措施那时在伊拉克最危险最不稳定的地方建立起了安全保障的屏幕,并为"安巴尔觉醒"创造了条件,这一事件最终扭转了美国在伊拉克的紧张局势。

2006年春,"猛士"支队刚赶赴至安巴尔省首府拉马迪时,这座千疮百孔的城市还是伊拉克暴动分子的聚集地。拉马迪——一座人口40万的城市,变成了满是弹孔和废墟的战地——这都是持续的战斗所留下的伤疤。那时候,美国军队仅仅控制了这座城市三分之一的区域,其他地方则由一支装备精良、野心勃勃的暴动组织控制着。每一天,勇敢的美军战士和海战部队队员都伤痕累累,拉马迪军营的医疗队目睹了一大批将士严重受伤或死去。勇敢的美国军医们不顾一切地抢救伤员。一家美国情报机构十分严肃地告诉媒体,美军在拉马迪和安巴尔省的行动"全盘失败"了。事实上,根本没有人认为美国军队能扭转局势并取得胜利。

2006年夏秋两季,约克的战队与美国陆海两军对拉马迪的敌军控制区进行了扫荡,"猛士"支队划给了第1旅特战队。立夫率领海豹突击队的查理野战排经历了数十场激烈的枪战，高效地完成了狙击掩护任务。德尔塔战队也经历了无数次的血战。"猛士"支队的所有人——狙击手、步兵和机枪手一起杀掉了数百名敌军将士，打乱了他们对美国军队以及伊拉克安保部队的袭击。

通常，在最危险的敌控区的战斗中，"猛士"支队都是第1旅的冲锋部队。我们占领建筑物，抢占高地，在将士们开进战场，长官们忙着在敌军区建立哨所的时候，我们总会为他们作掩护。"猛士"支队和第1旅特战队的队员们与海军建立起了联系的纽带，所有在那儿服过役的将士们都会永远铭记在心。第1特战队和"猛士"支队用血汗和苦累完成了那次行动。拉马迪的部落酋长们与美国军队团结起来，暴恐组织从拉马迪城撤退了出去，"安巴尔觉醒"就此诞生。最终，到"猛士"支队撤离的那几个月里，拉马迪一直非常稳定，暴力袭击事件的发生率大大降低。

令人伤感的是，为了这些胜利，"猛士"支队付出了惨痛的代价：8名海豹突击队队员受伤，另有3名最优秀的海豹突击队战士付出了生命的代价。马克·李和麦克·蒙苏尔在行动中牺牲，而瑞安·雅布失明，随后在医院进行康复治疗时死去。他们只是近百名在行动中牺牲的第一旅特战队队员中的3个，他们每个人的离去都是个悲剧，是无法估量的损失。

尽管有人怀疑，有人不承认，拉马迪还是胜利了，这座城市恢复了稳定，人们的生活也得到了保障。到2007年初，每天发生的暴恐袭击从2006年的每天30~50起，下降到平均每周1起，然后又降至每月1起。拉马迪可谓是伊拉克的和平地区的典范，随后多年，也是除了库尔德人控制的北方地区之外，伊拉克最安全的地方。

　　这些战斗我们取得了胜利，但也是让人羞耻的，付出的代价——不论好的坏的——也是惨重的。拉马迪战役给了我们深刻的教训，我们都将认真领会并传递下去。最重要的内容是，指挥是战场上最重要的因素，任何团队的成功都取决于这一点。我们说的指挥，不只是高高在上的指挥者，而是团队中每一个关键性的指挥者——高级的指挥者，管理着4个下属的消防署长，管理着8名下属的警察队长，以及中级的军士，他们引领着团队，走向胜利。他们每一个人都在我们这个集体走向成功的过程中发挥了关键性的作用。我们很幸运，能够指挥这么一支在那场战斗中英勇作战的优秀的海豹突击队支队。

　　作为掌管着西海岸所有海豹战队的训练的长官，约克指挥过一些世界上最真实最有挑战性的战争训练。他更看重训练队员们在做出关键性的决定时，以及在高压力状态下，做更好的准备迎接战斗。立夫主要负责海豹突击队下级军官的培训课程，这是所

最重要的因素

有接受海豹突击队训练的人所要学的基础课程。他将这种训练提升到使新的海豹突击队队员们在战争中取胜的必要的基础课程。在那些课程中，我们指引新一代的海豹突击队，用我们教给他们的原则，在战场上创造无与伦比的神话。

有些人可能怀疑，要怎样将我们在海豹突击队里的原则，翻译成任何领域任何人都能适用的话语呢？要明白，战争也是生活的反映，只不过是放大了冲突而已。做出的任何决定马上就会产生后果，一切——确实是所有的一切——都会有风险。就算是似乎无力回天的时候，正确的决定也会让人拨云见日。也有可能一切都会好转的时候，一个错误的决定就会导致致命的后果。

我们希望能够消除这样的误解，即军人只要机械地、盲目地顺从就好了。相反的，美国的军人是机灵的、有创造力的、思想自由的人类。他们必须真正拿自己的生命做赌注，即便粉身碎骨也要完成使命。为此，他们必须相信他们战斗的缘由，他们必须相信他们被要求完成的计划，最重要的是，他们必须相信他们的长官。在海豹突击队，这一点尤其重要，这里，我们鼓励创新和付出（也包括最初级的士兵个人）。

本书所论述的原则可不是抽象难懂的理论，而是实际可行的。我们鼓励读者们去做那些本应该做但实际却没做的事。有些事情没有去做，那就是失败的。这些原则扎根于常识，是在实践中总结出来的，其实施也是需要技巧的。事实上，它们可以适用于任何状况，任何团队、组织和寻求改善自己的行为，提高自己的能力和效率的，以及希望寻求合作的个人。有时候，这些理论与直觉相悖，需要努力训练以及实践才能理解领会。但本书为读者提供了必要的指导，这样任何人都能够运用这些原则，通过一段时间的学习领会，逐渐掌握这些原则，并成为真正的胜者。

关于本书

作为海豹突击队的指挥官，我们多年的经历留下的教训不计
其数。在本书中，我们关注的主题还是：思维方式。

本书分为三个部分：1. 内心的胜利；2. 战场的法则；3. 使
胜利成为习惯。"内心的胜利"为取胜提供了必要的基础。"战
场的法则"包含了四个关键的篇章，这些内容可以使人们以最高
水准发挥自己的水平。最后，"使胜利成为习惯"这一部分讨论
的是，为了保持优势，并一直以最高水准发挥，我们必须要艰难
地维稳。

每一章的主题都不一样，每一个主题都很独特，然而也是相
互关联，并且经常相互支撑的。每一章都有两小节。第一节记录
了我们在海豹突击队的训练和战斗过程中所汲取的原则。第二节

解释了以上第一节所述的原则。

　　我们相信本书所述的原则，因为不论是在战场还是职场或是在生活中，我们都已经领略过了这些原则的有效性。对它们的正确理解和恰当运用可以使人们创造非凡的成绩。这些原则使我们成功达成我们的目标：在我们各自的战场上取得胜利。

第一部分

内 心 的 胜 利

第一章　承担所有责任

约克·威林克

///

伊拉克拉马迪马拉布区：战火硝烟

战争的硝烟在空气中弥漫，连晨光都被遮挡住了。暴恐分子已经在街道上开火了，美军坦克和"悍马"护航车队扬起了滚滚灰尘，机枪的烟火将建筑物的钢铁墙壁炸成了灰。我们的装甲"悍马"车绕过角落，朝街道那头的开火处驶去时，我看到前面有一辆美军M1A2艾布拉姆斯坦克横在路中央，它的主炮塔转到了正对着不远处的一栋房子的位置，平射就可以。尽管硝烟弥漫，我们还是看到了红色的烟雾，显然是美军在这个地区求救用的红色烟弹。

我的头脑在飞速运转。这是我们在拉马迪的第一次大规模作战，真是一团混乱。除了遮挡我们视线的真实的硝烟战火，还有普鲁士军事家卡尔·冯·克劳塞维茨所说的虚拟的"硝烟"，也降临到我们头上，它让我们一团混乱，我们的情报不够准确，沟通也不方便，乱成了一锅粥。为了完成这次任务，我们海豹突击队分成了四个独立小组，分布在这座遭受战争破坏的城市里：两支海豹突击队狙击队和美军侦查狙击手以及一支伊拉克士兵组成的小分队，还有一支由伊拉克士兵以及他们的美军指挥官组成的海豹突击队支队，他们被要求清理某个区域里的所有建筑物。最后，是我的海豹突击队高级顾问（一名高级的非任命军官）和我跟一名美军连长。美军和伊拉克部队一共约300人——一支友好合作的队伍——在这个非常危险的争议地带，拉马迪东部的马拉布区执行任务。"穆加"遍布这个地区，美军是这么称呼那些穆斯林游击队的。对方也自称"穆加赫迪"，在阿拉伯语里，这个词就是"圣战队员"的意思，而我们将它简化了。他们赞成伊斯兰教徒持有武器，非常奸诈，而且没有文化，非常危险。多年来，马拉布区一直都在他们的控制之下。现在，美国军队意图改变这一切。

日出之前，我们就开始了任务，现在，太阳已经完全升起来了，大家都开火了。美军地空部队使用的无线网络上，各类指令报告爆满。不同区域都传来了美军和伊拉克军人伤亡的细节，还有被杀掉的敌军数据。

任务开始几小时后，我率领的两支海豹突击队狙击队都受到了袭击，被迫卷入枪战之中。由于有伊拉克士兵帮忙，美国大兵和我们海豹突击队清理了这个区域的所有房屋，他们遇到了巨大的阻力：数名暴恐分子手持俄式弹药袋机枪、致命的RPG-7推进式榴弹，和AK-47自动步枪，朝我们发动猛烈攻击。我们调控着无线电，听到跟伊拉克部队在一起作战的美军指挥抢先报告称，他们遭遇了猛烈的攻击，请求QRF（快速反应部队）援助。这支特别的快速反应部队有四辆美军装甲"悍马"车，每一辆都配有M2.50口径的重机枪，满载十几位可以提供援助的美国大兵。几分钟后，我率领的一支狙击队要求持重型武器的快速反应部队援助，一组（也就是两辆）美国M1A2艾布拉姆斯主战坦克，载有120mm的主炮和机枪。这话给我们敲响了警钟。我们的同伴们显然受到了伤害，急需救助。我要求美军连长让坦克开进来，他同意了。

我们的"悍马"护航车刚好停在了一辆艾布拉姆斯坦克后，它的主炮正对着一栋房子，准备开火。我推开了沉重的车门，走上街道。我本能地感觉到，情况不妙。

我朝一位海空军枪炮供应联络公司的枪炮军士跑去，问他："出什么事了？"

"真是太走运了！"他兴奋地喊道，"那边那栋房子里有一些穆加，他们正打得火热呢！"他指着街对面的那栋房子，他的武器也指着那个方向。很显然，他认为那些穆加是敌军主力。"我们进去时，他们杀掉了我们的一个伊拉克同伴，还打伤了一些人。我们一直在对他们猛烈攻击，我正准备朝那里打几炮。"他是想跟空军合作，把那栋房子里的敌军一网打尽。

我看了看周围的情况。他指着的那栋房子满是弹孔。QRF的护航"悍马"车上，一挺50口径重机枪朝房子开了150枪，还有许多小口径的步枪和其他轻便型武器。现在，艾布拉姆斯主战坦克的主机枪也瞄准了那栋房子，准备将它和里面的人都炸成碎片。如果那样还不能奏效，就会用空投弹了。

但是还是有什么不正常。我们已经非常靠近某支海豹突击狙击队原本应该守候的地点了。那支狙击队已经离开了原本指定要去的地点，现在正赶往一栋别的房子，那里都已经准备好开战了。混乱中，他们并没有报告自己所在的具体位置，但我知道应该离我所在的地方很近，靠近那个军士所瞄准的房子。真正不正常的是，伊拉克士兵本来应该再过几小时才会出现的。没有友军能进入这个区域，除非我们已经完全"消除了冲突"——也就是确定了海豹突击狙击队的具体位置，并把这一情况告知了一同参与作战的其他部队。但不知道为什么，这里出现了十来支伊拉克部队以及他们的美国陆海军作战顾问。我觉得这没道理。

"伙计，你待在那里别动。我出去查看一下。"我说着，朝他准备和空军合作攻击的那栋房子走去。他看着我的眼神就像看着一个疯子一样。他的海军部队和一整排伊拉克士兵已经在那栋房子里跟敌人搏斗了许久，都没能把他们驱逐出去。不论他们是什么人，他们都已经点燃了战火。在他看来，就算是靠近那个地方也相当于自杀。我朝海豹突击队的某军官点了点头，他也朝我点了点头，我们便穿过街道，朝那栋敌人占领的屋子走去。就跟伊拉克的大部分房子一样，它周围还有一堵八英尺高的混凝土墙。我们靠近了通往院子里的门，门并没有关严。我手持M4步枪，把门踢开，却发现一名海豹突击队野战排的排长正在那里。他大睁着眼，很吃惊地盯着我。

"发生什么事啦？"我问他。

"有一些穆加进了这院子，我们击毙了一个，于是他们反击了——是主力部队。他们开战的。"我记起了军士刚刚告诉我的：他进入院子的时候，一名伊拉克士兵被击毙了。

那一刻，一切都变得清晰起来。混乱中，一小撮离群的伊拉克士兵违令突破了给他们设定的限制，想要进入被我们海豹突击狙击队占领的房子。一大早，天还没亮，我们狙击队成员就发现一个人影扛着一把AK-47爬进了他们的院子里。他们看附近没有友军部队，但是却有很多敌军武力分布在这一区域，于是，我们的队员们认为他们遭遇了袭击，朝那个手持AK-47的人开火。于是，我们便看到了这一幅景象。

房子这里一开火，院子外面的伊拉克士兵们便把火力转了回来，从街道边和附近房屋的墙边撤军回来了。他们请求增援，而美国陆海军部队则调遣了大量火力进入他们认为由敌人占据了的房子。同时，我们海豹突击队受到了牵制，无法辨识朝他们开火的是不是友军部队。他们只能予以回击，并阻止战局被他们以为是敌军的部队控制。美国海空军枪炮供应联络公司的战队已经派遣战机对准了我们海豹突击队藏身的房子。50口径的机枪朝他们开火了，房子里我们的海豹突击队则认为他们已经遭受了敌人猛烈的攻击，于是请求派重型QRF M1艾布拉姆斯坦克支援。我赶到的时候，正好就遇上这一幕。

院子里，海豹突击队的排长正困惑地盯着我。无疑，他在怀疑我是如何穿过敌人的枪林弹雨到他这里来的。

"这是自相残杀啊。"我对他说。自相残杀——友军之间的杀戮——这真是最糟糕的状况了。在战场上被敌人杀死或伤害就已经够糟了,但因为有人捣乱而意外被友军杀死或伤害可是最糟糕的了。事情已经是那样了。我曾听说过海豹突击队一队的X线战排在越南的故事了。深夜,部队在丛林里分散了,失去了联系,黑暗中,他们再次相逢了,但他们都把彼此当成敌人,于是开火了。一场激战过后,死了一位,伤了几位。那是海豹突击队里的最后一支X线战排。自那之后,这个名号被废除了。这是一个诅咒——也是一次教训。在海豹突击队,友军相互开火是无法让人接受的——而这刚刚就发生在我们这支海豹突击队战队身上。

"什么?"排长不敢置信地问道。

"我们是在自相残杀。"我很平静地又说了一次,这是事实。我们没有时间争辩或讨论了。外面真的有敌人,我们说话的时候,还能听到由于不断有别的部队派遣火力过来,周围不时传来的枪炮声。"那你们怎么样了?"我问道,现在应该要了解一下他们的情况。

"我们海豹突击队真丢脸啊——不过还不太糟糕,但大家都乱了。我们把他们从这儿带走吧。"排长回答。

一辆步兵战车（APC）已经载着快速应变部队和重型武器过来了，正好停在我们前面。"一辆步兵战车开过来了，叫你的士兵们都上车吧。"我告诉他。

"是。"他说。

这位排长是我所认识的战术最棒的指挥者之一，他很快就把所有他的队员和其他友军都召集到了前门。他们看起来已经乱成一团。一直遭受50口径的机枪扫射，他们无疑是直面死亡，而且不认为自己还能活下来。但他们很快就聚集到了一起，坐上装甲人员输送车，赶往了附近的一处美军前方作战基地——但那名海豹突击队的排长没有去。他很坚定地跟着我，不为已经发生的事而担忧，且已经准备好面对一切了。

我回到了海空军枪炮联络供应公司的军士那里，对他说："那栋房子已经清理完毕了。"

"明白了，长官。"他回应道，快速通过无线电向上级报告，看起来很惊讶的样子。

"连长去哪儿了？"我问道，希望能找到美军连长。

"这栋楼上。"他回答，指向我们面前的房子。

我上了楼，发现连长蹲坐在房顶上。"大家都还好吗？"他问道。

"我们在自相残杀。"我直率地说。

"什么？"他吃惊地问道。

"是自相残杀。"我重复道，"一名伊拉克士兵阵亡了，还有一些受伤了。我的一个同伴也受伤了，脸部破相了。其他人都还好，真是万幸。"

"明白了。"他听了目瞪口呆，听到这个消息很失望。无疑，作为一名出色的指挥者，他感觉应当为此承担责任。但与伊拉克士兵们一起在这城里作战好几个月了，他明白，发生这种事也没什么好奇怪的。

但他们仍然还有任务，仍然要往前走。清理的任务仍然在继续。我们执行了两次连续性清理，清理了马拉布区的一大片区域，杀死了数十名暴恐分子。任务的后半段还是很成功的。

但那已不重要了。我感觉很累，我的一名同伴受伤了，一个伊拉克士兵阵亡，另有几位受伤。这都是我们自己干的，而且还是在我的命令下才发生的。

那一天的任务完成之后，我回到了战术指挥作战中心，通过这里的电脑，我可以收到上级发给我的邮件。我实在是不敢去打开电脑，把已经发生的一切通过邮件发送出去。我真希望自己在战场上牺牲了。我觉得这真是活该。

我的收件箱已经爆满。我们自相残杀的消息已经闹得沸沸扬扬的了。我打开了我的长官给我发的一封邮件，内容很直接："停止。不要再去执行任务了。调查人员、总司令和我正在赶往你们那儿的途中。"通常，在海豹突击队出事时，长官总会委派调查人员前来调查事故起因及责任人。

驻扎在伊拉克另一城市的我以前的老上级知道拉马迪的事之后，也给我发了一封邮件，正文如下："听说你们自相残杀了。究竟是怎么搞的？"

我做的所有努力以及建立起来的海豹突击队成员的良好声望现在都被毁了。尽管我之前成功指挥过多次作战，但现在，我成了一支杀害海豹突击队成员的美军支队指挥者。

我等待调查人员、总司令、我的直属长官和海豹突击队的长官用了整整一天时间。同时，他们命令我简要叙述事发经过。我知道这是什么意思。他们想要找一个罪魁，找一个替死鬼。

对所发生的一切，我灰心丧气，很失望也很生气，但我还是开始总结。汇报的时候，我们发现，在计划阶段和执行任务的过程中，许多人犯了很严重的错误。计划改变了，但伊拉克部队调整了他们的作战计划，却没有通知我们。未经说明的情况下，他们更改了时间表，友军的具体位置也没有告知。这种错误还有很多。

我自己所属的"猛士"支队，也犯了类似的错误。其他支队都不清楚狙击队的具体位置。那名假想敌本来是一名伊拉克士兵，但他的身份信息却没能得到证实。初期管理时，我并没有收到详细的情况报告。

这样的错误罗列起来很多很多。我按指示的那样，用微软的幻灯片放映功能，在这一地区的地图上列出了友军行动的具体时间和路线。然后我列出了所有人所犯的错误。

这是对所发生的一切的详尽描述。列出了所有将任务变成噩梦的错误，它让我们浪费了一名伊拉克士兵的生命，使多人受伤，但庆幸的是，它原本可能会让更多海豹突击队员丧命的，然而事实上并没有。

但还是少了点什么。还有些问题，有些片段我并没有列出来，这让我觉得我并没有把所有真相都说出来。这该怪谁呢?

我仔细地查看那份简报，看了一遍又一遍，试图找出缺少的那个部分，那个导致了最终结果的直接失误。但情况太繁杂了，我实在弄不明白。

终于，总司令、调查人员和我的直属上司来了。他们放下武器，在餐厅吃了一点东西，然后我们将共同回顾所有的过程。

我再次查看了我的简报，试图找出直接缘由。

然后，我突然想通了。

除了各支队、指挥官和所有其他人的失败，以及各种已酿成的错误，只有一个人应该为所有这次任务中的失误承担责任：那就是我。狙击队跟伊拉克士兵交战的时候，我并没有在场。我也没有控制进入院子的伊拉克散兵。但那不重要。作为海豹突击队的军官，负责这次任务的地面长官，"猛士"支队的所有事都归我负责。我要为所有过错和失误承担全责。就算是要被开除，这也是我应该承担的。如果一定要为所发生的一切而受到责备甚至开除的话，那就让我承受吧。

几分钟后，我进入了会议厅，大家都在等着我做简述。房间里死一般地沉寂。我的直属司令官就坐在前排。总司令则站在后面，这给我一种不祥的预感。那位受伤的海豹突击队员——脸被50口径的枪打伤了——也在那里，脸上打了绷带。

我站在他们面前。"这是谁的错？"我问着房间里的所有人。

一会儿的沉默之后，那名误杀了伊拉克士兵的海豹突击队员说："是我的错，我应该仔细确认我的目标的。"

"都怪我。"狙击队的无线电技师说，"我应该早点通告我们的位置的。"

"不是，"我回应道，"不是你们的错。那是谁的错呢？"

"都该怪我。"另一名海豹突击队成员说，他是跟伊拉克扫荡部队一起执行任务的作战顾问，"我应该控制住那些伊拉克士兵，确保他们留在自己的区域里。"

"不对，"我说，"你不该承担责任。"其他我的队员们都想要解释他们做错了什么，而所犯的这些错又怎样导致了任务的失败。但我已经听得够多了。

"你们知道这都是谁的错吗？你们知道谁该为此而承担责任吗？"大家都沉默着坐在那里，包括指挥官、总司令和调查人员。终于，我做了一次深呼吸，说道："只有一个人该为此而承担责任：那就是我。我是指挥官。我为这次行动负责。作为指挥者，我应该为战场上所发生的一切负责。罪魁祸首就是我，而不是其他任何人。现在，我想告诉你们，我保证以后不会再有类似的情况出现了。"

这是一个沉重的负担，但我的话一点也没错。我是他们的长官，我负责统筹任务中的一切，因此，我不得不承担起这个责任。虽然这使我的名誉和声望受到了损害，但承认这一点是正确的，也是我唯一能做的。我向受伤的海豹突击队员道歉，解释说，他受伤都是因为我的错，真幸运，他没有因此而死去。然后

　　　　　　　　　　　　　　　　极限控制

我们回顾了整个任务的所有细节，想起了所发生的一切，并想到了要怎么做才能防止那些再次发生。

回头想想，尽管发生了那些，但我为一切后果承担责任的做法增加了我的长官和司令官对我的信任。如果我试图将这个罪责嫁祸他人，我想我会遭到开除——这是理所当然的。这里的海豹突击队员们都没意料到我会主动承担责任，但他们尊重了我为所发生的一切负责的这一事实。他们明白，有很多因素导致了情况的变化，但我应当为这些因素的变化负责。

美国陆海军的军官们将这次汇报的情况当成了教训，继续进步。在拉马迪战斗过相当长的一段时间后，他们明白了一些我们海豹突击队员们不曾明白的事：在城区，自相残杀是一种需要尽量避免的风险，但这种风险不可能完全免除。这是一次城市战争，是最为复杂和艰险的战争，这种行动中不可能完全没有自相残杀的风险。但是海豹突击队习惯了以少对多的战争，自相残杀不应该发生。

一位资深的、深受尊重的海豹突击队长官，在进入海豹突击队之前，曾是一名美国海军陆战队的小队长，参与过历史性的顺化之战，这次事件之后不久，他到我们这边来参观。他告诉我，在顺化，许多伤亡的将士都是被友军所伤，这是城市战争中残酷的现实。他明白我们经历过什么，也清楚这种事轻易就能发生。

但是，像在拉马迪那样自相残杀的事，我们发誓不让它再次发生了。我们已经解释了发生过的一切，也领教了学到的教训。我们修订了标准操作程序和规划的方法，以进一步降低风险。由于我们经历了这次悲剧事故，以后的任务中，我们就会避免这种悲剧的再次发生，以不再无辜牺牲更多的生命。那次任务的其他时间里，尽管我们仍然误打过友军，但我们一直都没让事态升级，而且能很快控制住局面。

然而，从策略上避免自相残杀只是我所学到的一课而已。战争结束后，我接手了第一现场培训，这是为西海岸所有的海豹战队出征而设的训练。我设计了一些自相残杀不可避免的场景，他们一旦自相残杀，我们的军官会跟他们解释该如何避免。

更重要的是，训练时，他们也能学到我所经历过的经验。训练时，有些军官会为自相残杀的局面负全责，然而有些军官会为自相残杀的局面而责怪部下。这些表现差人一等的军官总会抱怨压力太大，责任太沉重，但你确实要为一切负责到底。

你必须对你负责的一切承担所有责任，无论是海豹突击队还是别的地方，这是高效能的基础。

原则

无论在任何地方，成败的所有责任都归于最高责任者。我们必须为自己所掌控的一切负责，责无旁贷。我们必须承认错误和失败，并为这些错误和失败负责，制订出取胜的计划。

优秀的人不只是为自己的职责承担责任，他们还为影响行动的一切行为承担所有责任。这一基础的核心理论使海豹突击队在复杂的情况下，还能高效率地取得胜利。然而，这种原则并不仅仅适用于战场。无论是军队还是其他组织，无论是体育竞技还是任何行业里，这种原则都可谓任何高效能的常胜人士所遵循的首要原则。

如果部有人没有做该做的事，负所有最高责任的人是不能责怪他的，他一定会责怪自己。解释至关重要的步骤，出谋划策，以及确保必要的训练和资源，使用恰当的方式取胜，这些都应由最高责任者负全责。

如果某个人表现不足以使我们取胜，我们就该对他（她）进行培训指导。如果他（她）总是达不到相应的水平，那么我们则必须忠于整个团队，将团队和目标看得比个人更重要。如果那个表现不佳的人无法提高自己的水平，那么，他必须出局。

　　作为个人，我们通常把别人的成功视为走运或是条件优厚，并为自己以及自己团队的失败找各种借口。将我们不尽人意的表现归咎于不走运，或是责怪环境不受我们控制，或者责怪其他人不作为，要容易得多。我们很难接受要为失败负全责，为失败负责需要极大的勇气和谦逊的态度。但是，若想要表现更优秀，就一定要学着为失败负责任。

　　要真正看到实际存在的问题，而不带对计划的偏见，需要非常谦逊的态度。我们需要放下自尊心，为失败承担责任，克服缺陷，并努力将我们变得更优秀、更高效。而且，这样我们不会将成功视作自己的功劳，而会把这一功劳归于我们的领导、下属和团队成员。如此，将承担所有责任的原则渗透进整个团队之中，周围的人都会为自己的行为负责。在我们的任务中施行承担所有责任的原则，效率则会呈指数级增长，那么，我们就会常胜而不败。

　　　　　　　　　　　　　　　　　极限控制

第二章 没有"猪队友"

立夫·巴宾

///

加利福尼亚科罗拉多：水下爆破基础训练

海豹突击队训练项目

"获胜是要有所付出的！"一位穿着镶着金色海豹突击队标识的蓝色军服的教官通过扩音器大声喊道。这是海豹突击队新兵入队第一周（下文都称受罪周）的第三天。身着伪装服的新兵们全身湿透，被水中坚硬的沙砾擦伤而流着血。他们因冰冷的海水和加利福尼亚清凉的晚风而瑟瑟发抖。新兵们带着伤痛前进，这种辛劳只有经过72小时不间断的强体力活动的人才能够体会。前三天，他们都只睡了不到一个小时，非常疲惫。受罪周开始以来，数十名新兵都放弃了，还有人因受伤和疲累而退出了训练。这次海豹突击队训练项目水下爆破（下文简称BUD/S)开始数周之前，近200名年轻人踌躇满志地开始了训练，他们都想成为美国海军海豹突击队的一员，而且经过了多年的准备，一心想要通过这次训练。然而，受罪周开始的48小时之内，大部分年轻人接受不了如此残酷的考验，三次拉响警铃——示意退出，放弃了成为海豹突击队员的梦想。

受罪周并不是一次体能测试，但是它确实需要一定的体能才能完成，成功通过BUD/S考验，进入受罪周的学员已经证实了自己能成功毕业的实力。这不是一次体能的测试，而是一次心理测验。有时候，班里最好的运动员都不能熬过受罪周。成功源自于决心和毅力，但也需要创新以及与团队的交流。这样的训练培育出来的人不仅身强体壮，还能以智慧战胜对手。

就在数年前，我也在这片海滩度过了我的训练受罪周。当时，我们一共有101位学员。然而，结束的时候，我们只剩了40位。最先放弃的是班级里最有天赋的运动型选手和最能纸上谈兵的家伙。经过了考验的学员们明白，这些天无休无眠的疲惫苦痛能磨炼我们的体能和心理承受力，让我们更加能忍受吃苦，这也是设置受罪周的意图所在。

现在，我成为了海豹突击队的教官。经历了伊拉克的两次战争之后，我被任命为海军特种作战训练中心的教官，指导初级军官训练——它是我们的军官训练项目。除了白天教授课程，我还要担任受罪周训练的指导教官。作为这次受罪周训练的指导教官，我的职责就是要监督这些负责训练的士气高涨的BUD/S教官们。训练这些学员，这些教官们可是行家。他们尤其擅长发现那些不具备海豹突击队成员特点的学员。对我来说，从一个教官的视角看待受罪周也是一次全新的体验。

学员们被分为几组，每组7人，根据身高分组。每一组配一艘小充气船。尽管被称为小船，但用手抬还是很大很沉的。这些黑色的橡皮船，船沿被涂成了黄色，近200磅重，加上水和砂石就更重了。根据"二战"以来的传统，无论去哪里都要带上这些船，通常都是这些组员的组长来担此重任。在陆地上，学员们抬起这些船，越过沙滩护坡道，沿着海岸跑。他们抬着船，在科罗拉多海军两栖基地的柏油路上来回奔跑，费尽全力跟上教官们的步伐。学员们还要用绳索推拉着笨重的船只越过BUD/S设置的电话线杆和墙壁障碍。在太平洋上，学员们要驾船冲向强力的海浪，与海浪搏斗，常常抵达岸边时已经人仰船翻，就像遇到了海难一样。船队到了岸边以后，又要继续驾船冲向海浪，循环往复。对于被派去驾船的人而言，这些橡皮船可是痛苦的根源。每艘船的船首都有一个黄色的罗马数字，指代船队序号——只有一艘船例外，这艘船的船头印着一个蓝精灵，被称作"蓝精灵"船，这艘船上坐着班里最矮的学员们。

每个组优秀的成员当船队的队长，负责接收教官的指令，并引领指导其他六位船员，队长要为自己船队的表现负责。每个船员都有任务，而船队的队长——因为是队长——则受到教官的严格监督。

海豹突击队训练期间（以及在海豹突击队服役的整个过程中），每一次进步都是一次竞赛、一次战斗、一次比拼。BUD/S训练时，海豹突击队的教官们总会教导学员们："取胜是需要付出的。"在受罪周的船队比赛中，给获胜船队的奖励就是不参与下一轮激烈的、无休止的体能竞赛，而是在一旁休息。他们不能睡觉，只能坐下休息，这已经是很珍贵的奖品了。获胜是需要付出的，失败的滋味就更难受。在教官的词典里，第二名就是第一个失败者。但是糟糕的表现——如远远落后于其他船队，最后一个抵达海岸——会让队伍遭受十分残酷的惩罚：教官们会对他们评头论足，并且给这些已经疲惫不堪的学员们加重训练程度。同时，胜出的船队则坐在一旁休息观战，最重要的是，他们在接下来的几分钟里可以免遭又湿又冷的考验。

极限控制

海豹突击队主教官负责使学员们按船队比赛规则行事，并给船队队长们详尽解释所下达的每一次指令，而队长们负责将这些指令传达给船员们，并让他们在疲惫的状态下尽力完成指令内容。教官通过扩声器大声命令道："船队队长集合！"队长们则离开船，在教官面前排成一队，教官则给出下一轮比赛的规则。

　　"将你们的船引出拍岸浪带，清船，将你们的船并排列在下一个海滩航标旁边的岸上，然后将船引进海岸，越过护坡道，绕着航标行进，然后回到绳索区，再越过护坡道，回到这里。"教官命令道，"明白了吗？"

　　队长们回到船上，告诉了船员们教官的指示，然后开始比赛。教官们并不是按老传统说"预备，开始！"而是说："准备行动……出发！"然后他们就出发了。

　　每一次比赛都有优秀的学员。这一次的受罪周，有一支船队表现突出，就是第二船队。几乎每次比赛都是他们获胜。每一次，他们都全力以赴，团结一致。他们的队长很有主见，而每一位船员似乎都斗志高昂，表现优秀。他们相互弥补各自的弱点，互帮互助，以获胜为骄傲，获胜之后分享胜利的果实。每次胜利之后，他们都有几分钟宝贵的休息时间，而这时候，其他船队还要努力拼搏。尽管他们跟其他船队一样又冷又累，但我看到他们每个人的脸上都露出了微笑。他们的表现极为突出，他们正在获得胜利，他们的士气高昂。

与此同时，第六船队的表现则恰恰相反。他们每一次比赛都落在其他船队的后面。他们不是以一个团队来合作的，每一个人都个性突出，对队友们抱怨发火。我们听到他们在远处不断大声喊叫、咒骂，指责别人不够配合。每一个船员都只关注自己所承受的伤痛，船队的队长也不例外。他当然知道他们表现不佳，但他自己和船员们都认为，这种状况无法改变。而结果就是他们的表现不如人意。

"第六船队，你们被淘汰了！"海豹突击队教官通过扩音器喊道。教官不看好他们，因此产生了如此严重的后果。我们海豹突击队的教官们都决定终止第六船队的比赛，并计划给他们惩罚。结果，这个决定使第六船队更加沮丧。他们要在护坡道和海岸上不断奔跑，不停地跳进海水中，满身沙砾，用磨出了水泡的手脚爬行前进。然后，他们还要把手臂完全张开，举过头顶，抱着船，直到手臂被完全熏黑为止。这种惩罚抽走了又累又乏的船队的最后一丝力气。船队的队长很年轻，完全没有经验，也越发引人注目。作为领导者，他该为船队糟糕的表现负责。但是，他

极限控制

看起来相当平静，好像是命运在捉弄他一样，他率领的这支队伍很差劲，不论他自己多么努力，就是无法完成任务。

我一直在关注着第六船队的这位队长。如果他的领导能力无法得到进步，那他就别想结束这次训练。海豹突击队的军官们的表现应该与其他队员们无异，但更重要的是，他们还要领导他们的队伍。到目前为止，第六船队队长的表现是不及格的，是无法令人满意的。我们海豹突击队的高级士官，对第六船队以及他们沮丧的队长非常关心。

"你最好负起责任来，调整好你的船，先生。"高级军士长告诉第六船队的队长。高级军士长很高大，目光炯炯，无论是战场上的恐怖分子还是训练时的学员都对他敬畏三分。他自己就是个令人敬畏的优秀军官，也训练过许多年轻的低级军官。此时，高级军士长正是给表现糟糕的第六船队一次改造的机会。

"我们交换最佳船队和最差船队的队长，然后来看看结果会有什么不同。"高级军士长说。其他的一切条件都不改变——笨重的船只，而且还是那两支疲惫的船队，冰冷的海水，硌人的沙砾，疲惫的队员在竞赛。只有船队的队长被换掉了。

这样会有什么不同吗？我很怀疑。

很快，这个指令就被传达给了其他教官。"第二和第六船队的队长集合！"教官通过扩音器喊道。两名队长很快跑过来，站在大家面前。"你们两个交换船队。第六船队的队长，现在派你指挥第二船队。第二船队的队长，你负责第六船队。都听明白了吗？"教官说道。

很明显，第二船队的队长听到这个任命很不高兴。我想，他一定不愿意离开自己组建而且很熟悉的队伍。毫无疑问，他为他们优秀的表现而自豪。这次任命他为表现糟糕的船队队长，他的任务将会很艰巨，而且教官们一定不会看好这支差劲的船队。尽管如此，他也不敢就这一点与教官争论。他没有别的选择，只得坚决接受这个任命。

但是第六船队的队长很高兴。显然，他感觉被分配到差劲的船队当队长是自己运气不好，而不是由于自己表现不好。他认为，他的努力无法让第六船队有所进步。现在，教官居然让他指挥第二船队。从他脸上可以看出，他认为这样是公平的，他被调到第二船队，他的工作也会很容易。

接受了指令之后，两支船队的队长回到了自己的新船队里，为下一次比赛指挥坐镇。跟以往一样，教官给了各队队长指令，而他们也将指令传达给了自己的队员。

"准备行动……出发！"这一指令一出，他们就出发了。

我们看到，队员们抬着船越过了护坡道，急匆匆地驶往拍岸浪带，进入了深海之中。他们跳上船，使劲划船。他们冲向强力的风浪，把船倒了过来，然后再次回到船上，从岸边离开了。教官舰上的头灯捕捉到了船舷上黄色的线条，后来我们再看不到船上的数字符号了。然而，这两艘船几乎是齐头并进，抢夺第一。顺着灯光，我们看到，距海岸半英里远的地方，船员们驾着船回来了。船越驶越近，船身上的数字也逐渐清晰起来。直到冲过终点线，第六船队一直领先第二船队一步。第六船队赢得了胜利。

这真是一个奇迹：第六船队从最后一名直接变成了第一名。船员们开始相互合作，并取得了胜利。虽然输了比赛，第二船队的表现也相当好。在接下来的比赛中，第二船队继续在跟第六船队比赛。这两支船队的表现都胜过了其他队伍，而接下来的一个小时，大部分时间都是第六船队取胜。

这是一次令人震惊的转变。第六船队，只是换了新的队长，就从最差劲的船队变为了最优秀的船队，他们的责骂声和沮丧的精神都不在了。教官们也不再特别关注他们了。如果不是亲眼所见，我也许还会怀疑的。但这真的是承担所有责任最基本原则的一次无可否认的实证：没有"猪队友"！

只换了一个队长，整个团队的表现就发生了天壤之别，这怎么可能呢？答案就是：领导者是团队合作时唯一重要的因素。团队的成败取决于领导者。领导者的态度决定了整个团队的表现力。领导者决定着整个团队的表现。这个领导者不仅仅是指整个团队的最高领导，也包括了团队内部的小领导者。

我回顾了自己在受罪周前BUD/S训练时，担任船队队长的经历，思考了我的失败和应该能做得更好的地方，以及我胜过他人的地方。有时候，我的船队需要拼尽全力，直到我领悟到，我应该站在整个队伍的最前面，引领他们为止。我应该促使他们努力前进，比他们自认为的更加努力。我发现，给他们制定近期的目标，比如海滩航标、200码以外的地标或路标，比制定未来几天内或者他们所预见不到的未来的目标要更有效。如果我们都能为了一个大家所明确的目标而努力，那我们就能达成一个又一个近期的目标。将这些目标联系起来，那就意味着，我们可以通过长时间的努力达到最后的终点线。

回顾从前,我总是大喊大叫,我现在认为,不应该这样,而应该多鼓励大家。作为船队队长,我尽量避免船员与教官的接触。我明白,是"我们在对抗他们"。为了保护船队,我切实保护了几位拖了船队后腿的一直表现不佳的队员。受罪周过去之后,通过跟我们船队其他队员的交流,我们发现,我们一直在拖着这些弱者前进。他们本来应该一定能及格的,我们误会了他们。如果我们进入了海豹突击队战队之中,不想跟原来船队里最差的船员合作,那我们就没有权利让其他海豹突击队员接受他们。教官们负责淘汰那些最没有决心的人和不愿意挑战高难度训练的人,不想跟最差的船员合作的情况也就没有出现过。

最后,我的船队表现如何都取决于我。没有"猪队友",这一理念往往很难接受,但我们必须充分认识到这一点,并灵活运用这一原则,使团队高效合作,达成目标。我们必须承担起全部责任,为整个团队表现中的所有问题负责,并给这些问题提出合适的解决方案。只有确保团队为了共同的目标一致努力,并且不断进步,整个团队才会表现优秀。整个团队只有施行承担所有责任的原则,所有成员才会一起努力,做出最佳的表现。

站在教官的视角看这些训练过程,我明白,对这些学员们来说,受罪周就是一次艰难的挑战,这还只是训练。这些年轻的船队队长还不能承受在战场上海豹突击队长官们所要承受的压力。作为战争的指挥官，他们的巨大压力远超这些学员的想象。

这次受罪周几个月之前，我曾经是伊拉克拉马迪的海豹突击队野战排的指挥官，我带领战队闯进了这座城市最暴乱的区域。我们经历的枪战我数都数不过来，而我们的敌人全副武装，身经百战，而且也很顽固。我（以及战队里的其他领导者）做出的每一个决定都可能带来致命的影响。我们威名远扬，杀死了数百名暴恐分子，保护了美国的陆海军部队，我为这些战绩而感到自豪。但我们也经历了巨大的悲痛，比如，在伊拉克战争中第一个牺牲的海军海豹突击队员马克·李。马克是一位不可思议的队友，一位优秀的海豹突击队战士，幽默感却爆棚，即便在最沮丧的时候，也总能让我们开怀大笑。他丧生在拉马迪中南部一次最大型战役的战火之中。马克是我的朋友，我的兄弟。我是他的长官，最终要为他的丧生而负责。那天我只是受了一点枪伤，而他却被炮火击中，很快毙命了。我回了家，而他却再也回不来了。这种灾难是不可估量的。

我也为"猛士"支队德尔塔野战排的麦克·蒙苏尔而悲痛，他虽然不是我的团队的成员，但也是我们的朋友和兄弟。为了救其他三名队友，麦克跳到了手榴弹旁。麦克受到了所有认识他的

极限控制

人的尊敬和爱戴，我们也为失去他而深感悲痛。

马克·李牺牲的同一天，查理野战排的另一位战友兄弟，瑞安·雅布也被一名敌方狙击手击中了面部。他伤势严重，我们都不确定他能不能活下来。然而，坚强如钢的瑞安还是活了下来，只是，因为受伤严重，他永远失明了。瑞安的决心和意志力仍然没有动摇。他娶了他的梦中情人，因伤从部队退役之后，他进入了大学，并获得了商务学学位，以4.0的优异平均成绩成功毕业。而且瑞安不顾自己失明，成功登顶了14410英尺（约合4323米）的雷尼尔山，只带了一杆配有特殊设计的枪，枪上配有当作观察机用的相机。瑞安是杰出的海豹突击队员、优秀的队友，能给所有认识他的人以激励。尽管他有权利抱怨生活的艰难，他却并没有这么做，我们每次聚会他都会不停地笑。瑞安和他的妻子还曾期待他们孩子的出生，一提及这个话题，他就难以抑制自己的兴奋之情。不过，我认为饱经磨难的查理野战排和"猛士"支队的队友们及其家人已经逃过了死神的洗劫之时，瑞安·雅布却在康复治疗时去世了，他受伤的时候正在我的战队服役。没有语言能够形容这条悲剧消息所带来的伤痛——这种痛苦是无法言说的。

马克和瑞安的离世是我此生余下的岁月里都必须承受的负担。我知道，麦克的直属长官也有这样的负担。而且，作为"猛士"支队的总指挥，约克为大家承担了所有的负担。我很难想象，对他们挚爱的家人和朋友而言，失去他们是多么悲痛的事。今后，我负责全力帮助照顾他们。

　　这次训练时，看着这些年轻的船队队长——他们还不是海豹突击队员——我知道他们还不能完全理解，以后作为海豹突击队的军官和战争指挥官，他们所应承担的责任。当然，BUD/S的训练是艰苦的，受罪周才是最难熬的，但是，没有人要把他们逼上绝路。训练时做的决定不意味着生死，船队的比赛也不会被载入史册。这个时候，错误的决定不会成为一次国际性新闻，瞬间占据了所有晨报和晚报的首页，对整个战局产生不利的影响，就跟我们在伊拉克那时一样。

　　这些即将成为海豹突击队长官的年轻人毕业之后，我让他们加入了我们的初级军官训练课程，时间为五周。为了让他们领悟我希望曾经也有人教导我领悟的原则，我已经尽了最大的努力。每次训练结束，以及课程的最后几周里，我们都举行了马克·李和麦克·蒙苏尔的纪念性长跑，路程5英里，途经洛马岬的大悬崖，终点站是罗斯克兰斯堡国家公墓，马克和麦克就葬在这里。这两位高贵的战士长眠在这宁静的地方，俯瞰着太平洋这片海域附近，新的年轻军官们聚集在他们的墓碑旁，我给他们讲述马克

　　　　　　　　　　　　　　　　　　　　　　　　　极限控制

和麦克的故事。对我来说，讲述他们的故事非常重要，因为这样他们的精神便能传扬下去。这些未来的海豹突击队军官们也能深刻认识到自己的职责所在，以及自己的职责有多么重要。

他们将来会是海豹突击队战队以及自己人生的领袖。所有的责任和义务都由他们承担。如果他们的战队面临困境，那么就由他们来解决问题，克服困难，并使团队相互协作完成任务。最后，他们必将完全理解"没有'猪队友'"的含义。

原则

美国陆军战队的戴维·哈科沃斯上校（已退役）的书《改头换面：美国士兵炼成记》，影响了海豹突击队以及整个美军部队里的许多前线指挥官。哈科沃斯上校的的这部回忆录里记录了他整个从军生涯，在朝鲜和越南的战争，以及所领悟到的各种经验。尽管后来成了争议性人物，但作为战场指挥官，哈科沃斯还是很优秀、很受人尊敬的。在他的这部作品里，哈科沃斯总结了第二次世界大战时对战德国和日本的美军将领的信条："没有糟糕的军队，只有糟糕的将领。"这几乎就是承担所有责任的精华所在了。任何领导者都很难接受这一条原则，然而想要建设一支高效能、常胜的团队，这是基本思想。

运用承担所有责任原则的人想要有更好的表现，就必须认识到，要达到目标不是靠你个人的意志，而是要看你的承受力。在你确立目标时，不论说过什么还是写下过什么，如果不够积极的原则得到了认可，并且没有人有异议，没有产生严重的后果，那么这种不够积极的原则便会成为你的标准。因此，你一定不能接受不够积极的原则，因为不够积极的原则所产生的后果，不久就会变得很严重，所以，你必须要不断地提高自己的能力，改善周围的人的表现，必须要将水准提高到使整个团队都履行承担所有责任的原则的水平。

你必须带动团队里所有成员的责任心，以便相互支持，共同努力，完成任务。上文提到的BUD/S船队队长的事例告诉我们，大部分人其实都像第六船队一样，希望自己的团队取得胜利。然而，他们通常并不明白应该怎么做，或者只是缺乏收获成功的动力与支撑。他们需要强劲的力度来使其他成员相互协作，完成特定的任务。

若所有人都履行承担所有责任的原则，那我们的表现就会很优秀，就算领导者被临时更换了，整个团队也会继续进步。在战场上，若指挥官降级了，军队想要取胜就必须为伤亡做好准备。但是，生活中不会遇到伤亡，只会遇到各种问题，每一个团队一定有低级别者准备上前，替他们的直接上司承担责任，接手管理团队的任务进程，必要的时候直接率领团队达成目标。

履行承担所有责任的原则，我们对自己的表现都不应该满足。我们必须努力进步，必须让所有人都运用承担所有责任的原则。必须切实面对自己和团队的表现，有时候这种态度甚至必须严苛。明确了自己的弱势，优秀的人就会想方设法去克服它们，并做出能迎接各种挑战的计划。最佳的高效能榜样，就像海豹突击队一样，总是在找机会提高自己的表现力和能力，使自己的水准更高。从单个人开始，一直到所有人都履行承担所有责任的原则，使之成为大家的行动准则。这种思想是建立高效能、常胜的基础，不论是真实或虚拟的战场上，还是任何行业、任何领域的竞争中都适用。

第三章 信任

约克·威林克

///

伊拉克拉马迪兵营　鲨鱼基地：怀疑

这毫无意义，毫无意义，我一边读着长官发来的作战任务指令，一边想。我们将在伊拉克安防部队的协助下完成作战任务。我以前来伊拉克执行任务时，海豹突击队各支队都只是相互合作，或是跟其他特种部队合作，而这次，我的战队要跟常规军队合作，而且不是一般的常规军队，而是伊拉克的安防部队。

"猛士"支队的海豹突击队员们就像是专业的运动队，受过专业的训练，总能表现出最佳的状态。我们非常了解彼此，甚至能猜透彼此的思想和行为，就算周围伸手不见五指，我们也能分辨出彼此的身影。这是多年训练的结果，不只是BUD/S的训练，也不只是我们都曾经历过的海豹突击队的基本训练课程，而是整个战队一起经历过的那一年之久的所有训练过程，包括作为一个集体接受的训练和任务：无论是在沙漠里、城市里，还是海上执行任务；无论是在车里、船上、飞机上、航母上还是步行作战。我们用军火打了无数枪，直到我们可以在巨大的压力下精准击中目标为止。我们训练了成千上万个小时，经过无数次训练，直到磨去了我们的个性，我们能够以一个集体合作——是同步的机器，在混乱无章的战场上精准地瞄准目标。

我们海豹突击队员总要保持最佳的体能，这样才能去完成艰险的任务，去面对需要极佳体能的战争。我们做过成千上万次引体向上和俯卧撑，跑过很远的路程，也举过重，在海洋里游过很远——这一切都是为了上战场。训练刚开始的时候，我们并没有为训练过程做过计划，我们只是在健身房里，通过不断加大训练强度来增加体能。如果我们的训练场里没有健身房，那我们就会去公路上奔跑，在停车场拽着沉重的轮胎，或者在厚垫子上进行搏击或柔术训练——我们会做各种能使自己保持最佳体能的训练。每个人都希望能保持最佳的体能，这样他才能发挥出自己的力量，行动过程中不会坚持不了。我们要随时准备着，抬着受伤的战友穿过炮火不熄的战场，转移到安全地带。我们总是相互挑战，测试自己的体能状况，这已经成为我们的习惯。

极限控制

作为海豹突击队员，我们拥有全世界最先进的武器装备：加密的无线电收发报机、夜视镜、红外线激光器、军用手电和标志物、凯夫拉防弹背心和头盔。在懂得使用这些装备的人手中，我们战略上的优势是显著的。

现在，我居然了解到，"猛士"支队——我的战友和兄弟们——这些经过了高强度训练，士气高涨的士兵们——将跟伊拉克的常规部队合作，他们可谓是这世间最差劲的战队。大部分伊拉克士兵出身平民，没有接受过教育和专业训练，而且无论从体能还是雄心上都远不及我们。伊拉克的经济状况很差，许多人参军只是为了获得一点薪水。条件艰难的时候，他们通常会退役（这也是我们后来亲眼见到的）。

值得赞扬的是，为了加入伊拉克军队，他们都不惜冒着生命的危险。他们在遥远的伊拉克城市中作战的时候，他们的家人却遭到了恐怖分子的挟持，他们的生命也受到了威胁。当然，他们之中也有一些优秀的战士，然而身强力壮的伊拉克士兵还是很少见，因为部队并不对士兵的体能做严格的规范。伊拉克部队里的大部分将士远远不够格当一个军人，自然也不够格来改善伊拉克日趋严峻的局势。

回顾2003年，美军领导的联盟驻伊拉克临时管理局完全取代了萨达姆·侯赛因领导的伊拉克军队。然后，一切需要重新开始。伊拉克新军的训练是没有组织的，最好的状况都是分散性的，士兵们自发而去的。一些伊拉克士兵根本没有接受过训练，军官们都是靠行贿或是买卖而入伍的。年轻的受征入伍的伊拉克士兵基本的目标是图生存，而不是获取胜利。他们体能不足，大部分伊拉克士兵们甚至做不了几个俯卧撑，根本不会做分腿跳。从战术上来说，他们也是经不起打击的，这违背了基本的安全规程。

　　更糟糕的是，某些伊拉克士兵根本不信任联盟军队和伊拉克新政府，某些逊尼派士兵仍然忠于萨达姆。然而，大部分伊拉克士兵都是什叶派，而且他们多数人都将激进的教士莫克塔达·萨德尔——他反对美国，并与伊朗联系密切——视为民族英雄。偶尔，我们会收到报告，称伊拉克士兵将武器对准了他们的美国陆海军军事顾问。在这种情况下，怎样建立彼此的信任呢？

　　除了没有接受过训练，伊拉克士兵的露营装备也跟不上，更别提战斗经验了。有些人甚至只穿了帆布鞋或凉鞋，他们的制服是美国、苏联或中东地区的迷彩服混搭而成的。这样的服装让人很难分辨彼此是敌是友——尤其是战场上的敌军也配备非法的制服和武器设备时。

伊拉克士兵的装备包括破烂的苏联时代的制服和经常坏的AK-47弹匣袋。他们携带的武器是从叛军那儿收缴来的各种枪支，多数都是伊拉克制造的次品或是中国复制的仿AK-47，大部分武器都不精良，而且远远比不上原产自俄罗斯的突击步枪。他们的武器都锈迹斑斑，而且准星已经不准了。他们的武器装备落后，也没有必要的战斗技能。他们没有夜视镜，没有激光器，没有无线设备。事实上，他们几乎连最基本的手电都没有。如果他们拥有防弹衣，那他们的战斗力也会大幅提升。

"猛士"支队的任务就是要给伊拉克士兵提供设备，为他们建立制度，最重要的是，使他们接受训练，为与那些愈加剧烈抵抗美军的恐怖分子作战做准备。在那些冲突不太严重的地方，就意味着要在安全区域建立训练基地，使伊拉克士兵接受基本的战争技能培训，最后是一些高级的步兵战术演练，完成之后才能带他们去攻打敌占区。

然而，这里是拉马迪，暴乱的中心地带，也是安巴尔省的决定性战役的战场。我们要在这里战斗，要保护这里的哨所，还要在这里俘虏甚至杀害敌人。将伊拉克士兵从战场上拉回来，训练一到两天，然后让他们拥有良好的战斗技能，这完全是不可能的。

海豹突击队需要跟这帮伊拉克乌合之众一同开进战区，与那些决心杀光我们的穆加圣战者们决一死战。哪里有枪炮声，海豹突击队员就会奔赴哪里。当然，有其他海豹突击队员在旁边的时候，循枪声而动要更方便，因为我们明白，那个为其他6人（也称"后方"）打掩护的人跟我们经历过同样的训练，拥有同样的武器装备，说的是同样的语言——是我们完全信赖的伙伴。对于海豹突击队员而言，将自己的生命托付给一个不认识的人——一个完全没有合作过的人，而且没有接受过良好的训练，目无军纪，说着不一样的语言，可信任度又未知——这样风险太大。在海豹突击队里，我们之间的情谊就是我们最强劲的武器。如果撇开了这种情谊，那我们就算不上是一个集体。

当"猛士"支队其他成员了解到自己将与伊拉克士兵并肩作战时，你可以想象得到，他们会有怎样的反应。他们很愤怒，完全不接受这个指令。他们明白，拉马迪的敌军所带来的威胁已经相当严重了，没有必要增加我们行动的风险。然而，我们所接到的命令确实如此。

我最初的反应也是"噢，不！"我们冒这个险可不值得。我们本就没有胜算，为什么还要平添一个负担上战场？我不相信这次任务会成功，我认为这么做真是愚蠢，我认为它一定会失败。

极限控制

想一想，这一群伊拉克士兵未经受过训练，而且我们都不知道他们值不值得信任，这种情况下，跟他们并肩作战真是不正常，也许是自杀式的行为。然而，作为"猛士"支队的指挥官，我明白，我的行为和思想会对战友们产生重大的影响。这是我的指令，我要领导他们，就应该首先相信这个指令。因此，我把疑虑藏在心里，只简单地问了一句：为什么？

为什么无论在美国本土还是在伊拉克前线——从巴格达到五角大楼再到白宫——美军的指挥官们要给海军海豹突击队、其他特种部队和美国常规部队，下达这样一个高风险的任务呢？我已经见到了身边这些优秀的将士们作战有多么艰难了，那为什么还要难上加难呢？

我明白，我需要转换视角，将自己的心思从激烈的战场上拉回，试着从战略角度来看待这个问题，把自己当成驻扎在巴格达或者在后方五角大楼里的将领们。当然，他们不在战场前线，然而，他们的目标却跟我们一样：赢得胜利。

这就引出了另一个问题：胜利是什么？这个词当然不是军事上打败对方的含义。我们所要战胜的这个对手不会轻易投降，我们不可能签署什么和平协议。此刻，胜利就意味着，伊拉克会变成一个相对比较安全而稳定的国家。

因此，我自问：我们怎么才能使伊拉克士兵们守卫自己祖国的安定呢？他们应该行动起来了。如果没有时间将他们带离战场，并在一个安全的区域里开始训练，那就让他们在实战中演练吧。如果伊拉克人自己不能保护自己的国家免受恐怖袭击，那么谁还能来保护这个国家呢？答案真是太明显了：我们，美国军队。我们将驻扎在这里，为他们以及他们的后代保卫他们的国家。

这些未经训练、装备落后、又缺乏战斗力的伊拉克士兵，与我们的对手——那些战斗力强、装备精良、并且枪法精准的暴恐分子们的差别简直可谓天壤之别。几乎每一次，美军的哨所交给伊拉克士兵们管理之后，暴恐分子们便侵袭并占据了那里，杀害了数十名伊拉克士兵，有时候还会杀掉委派到那里的美国陆海军顾问。伊拉克士兵显然敌不过暴恐分子。照这种情况，要想让伊拉克士兵达到能击败如此强劲对手的目标，那需要好几代人的努力才行。就算到了那时，这群乌合之众也不可能与一群危险的对手匹敌。我们这些身处前线作战的人都明白，美军许多高级官员都没有直接与伊拉克士兵们打过交道，他们不明白伊拉克士兵缺乏战斗力的真正缘由。伊拉克士兵真的很糟糕，不经过训练真的成不了精兵。但也许，我们能让他们变得足够优秀。

想到这里，我意识到，我们——"猛士"支队和其他联盟部队可以做点什么。这些伊拉克士兵，或按照他们用阿拉伯语的自称，"加迪斯"（意为士兵），也许永远无法对抗装备精良且来势汹汹的敌军大部队。但是，我们可以先打击对手，使他们不再那么嚣张。因此，我认为，除了通过必要的训练以及在战场上给予号令，我们（海豹突击队员以及美军其他部队）必须打击暴恐分子，降低他们的作战能力，使伊拉克将士们能够自己应对，有赢的把握。为此，我们海豹突击队必须上战场，给对手以残酷打击，但我们只有在接到上级指令之后才能行动。我们抵达之前，在拉马迪战斗过好几个月的海豹突击队分队已经告诉过我们，他们策划过数次只有海豹突击队参与，没有伊拉克士兵的战斗任务，但几乎所有这些任务都没有通过。我知道，要想得到许可，就必须让伊拉克士兵跟我们并肩作战。我们要离开基地，闯入敌区，朝暴恐分子们开火，他们可是许可证。

　　想到这里，我明白了，也相信了这一点。现在，我要确保，我的战友们也能够理解并接受这一点。

　　我召开了一次会议，将所有"猛士"支队的海豹突击队员们都召集了起来。

"好吧，伙计们，"我说，"你们已经听说了这个消息，我们的每一次任务都有伊拉克士兵们加入。"大家都开始大骂起来。我重复道："我们的每一次战斗都有'加迪斯'们跟我们并肩作战。"房间里顿时炸开了锅，大家的咒骂变得更大声了。我们海豹突击队员以及即将参与我们作战计划的前线将士们都反对："真是无稽之谈。"

我很快便打断了他们的一致反对："我理解。拉马迪的战场十分危险，我们的处境已经很艰难了，为什么还要增加难度，让伊拉克士兵跟我们一起作战呢？"我猜测得果然不错，听到这话，房间里的大部分人都赞许地点头。

"那么，我要问问你们，"我继续说，"如果伊拉克军队无法保障他们自己国家的安全，那么，谁能来保障呢？"

房间里顿时鸦雀无声。我再次重复了问题："我再问一次，如果伊拉克军队无法保障他们自己国家的安全，那么谁能来保障呢？"我这句话引起了他们的注意，他们也明白了这个问题的答案。但是，要确保每个人都清楚地认识到我们这么做的重要性，我干脆直说了："如果伊拉克部队不能，那就只能看我们的了。如果我们不能让他们进步，那我们明年、后年、大后年都会在这里作战。美国军队会长年累月地驻扎在这里。那保卫伊拉克就成了我们以及我们的后代的任务了。"

这时候，我看得出来，尽管仍然有人不赞同跟伊拉克士兵合作，但他们也开始从战略的角度来看待这个问题了。

我继续说道："跟你们一样，我也明白，不论怎样训练，伊拉克部队也无法达到我们为自己设定的水准。但是我们要帮他们进步，有一个办法帮到他们。我们可以逼近并摧毁拉马迪大街上的敌军，降低暴恐分子的作战能力，降低暴动的程度。敌军被击败之后，伊拉克部队可以自己负责安保。"

我看到有部分人点头表示赞同。

"但是，要做到这一点，"我又说，"我们每一次作战任务都要获得上级批准。如果想要获得批准，我们每一次任务，上级都会让我们跟伊拉克部队合作完成。难道你们都不明白吗？"

大家都沉默了，大家都明白。跟伊拉克部队一起在危险的战场上作战，他们虽然都不太愿意，但他们一定明白他们为什么要这么做，这样他们才能相信这个使命。

随后，我跟部队的主要领导详细解释了这次任务的重要性。跟之前的海豹突击队分队不一样，我告诉长官们，如果不把伊拉克士兵当成我们中的一员，那他们就不要提交任何作战方案——这是一份总结了作战任务的基本方案，需要等待上级军部通过。

"那么，你上次部署时所做的所有单方任务①方案呢？"立夫问我，"它们不是不一样吗？"另一位指挥官以及双方的长官们都在等着我的答复。

"是的。两年前，我们的所有作战任务都是单方面的DA②，"我说，"从那时以来，驻扎在伊拉克的联盟军队也是继续如此行事。但是，事实上，过去两年里，暴恐袭击增加了300%。300%！这个地方的局势越来越严重了。如果想要胜利，我们必须有所变动。"

"你们的每一次任务都有伊拉克部队加入，"我告诉他们，"这些伊拉克将士是我们改变的途径，也是我们行动的保障，我们将与他们并肩作战。我们将摧毁敌军，直到他们疲弱不堪，就连伊拉克部队也能自行打败他们。还有问题吗？"

....

① 单方任务：指只有海豹突击队参与的任务。
② DA：斩首行动。

　　　　　　　　　　　　　　　　　　极限控制

再没有疑问了。我们为什么要这么做这个最重要的问题已经得到了回答。我自己分析并理解了这一点重要因素之后，我才能够相信这次任务。如果我自己不相信，那么，我也不可能让我的部下们相信它。如果我在大家面前表示了疑虑或者公开质疑这种安排，那么，他们对这种安排的不屑程度也会呈指数级增加。他们不会相信它，结果，他们当然不会按这种部署行事，那么，这次方案就失效了。但是，我一旦理解并相信了，就能很轻易地将这种观念传递给我的部队成员，他们自己也会相信它。然后，他们能理解这么做的缘由，并且投入任务之中，无论接受什么样的挑战，他们都能奋勇直前，圆满完成任务。

大部分指挥官都接受了我的解释。然而，并不是所有"猛士"支队的人都能马上领悟的，我们必须不断重申让伊拉克部队加入战斗的重要性。

此次部署中，我们海豹突击队的每一次主要作战任务都跟伊拉克部队展开合作。通常，伊拉克部队的行动都是愚蠢而危险的。一次任务中，一名伊拉克士兵不小心扣动了自己手中AK－47的扳机，朝他身旁的海豹突击队军官旁边的地上打了十几枪，都是全自动火力，子弹只差分毫就能击中海豹突击队员们。另一次执行作战任务时，立夫和他的军事顾问们不得不收缴了伊拉克士兵的枪支，因为受到攻击的时候，他们竟然躲开了敌人的攻击，转而把枪口对准了在射程之内的其他海豹突击队队员们以及其他伊拉克士兵。还有一次，我们与伊拉克士兵巡逻时正好遭遇了敌人袭击，一名伊拉克士兵被击中了，他的同伙们竟将他扔在街道上不管不问，他们却跑去找避难所，两名海豹突击队队员不得不穿过枪林弹雨的街道（我们称之为"荣誉勋章"救援），将他带回避难处。

伊拉克士兵们的这种表现，让我们这些陪他们训练、跟他们并肩作战的海豹突击队队员们失望透顶。然而，他们所起的其他作用却是我们所未曾预料到的。海豹突击队的开道车会用长柄锤或是爆炸装置来打开大门——这种方式很有效，但是噪声太大——附近的所有人都会知道我们来了。而我们的伊拉克战友们却知道这些门是如何锁上的，也能很轻易地将它们打开。他们也能分辨出哪些人是好人，而哪些人是坏人。那些未持武器的暴恐分子混迹在普通人之中时，我们美国人总是分辨不出，但伊拉克士兵们却能通过服装、言谈举止以及与当地人不一样的阿拉伯语发音辨别出来。他们对当地人以及当地文化的了解对我们辨认敌人很有利。

那之后的六个月里，我们将伊拉克的部队带进了拉马迪城几次

　　　　　　　　　　　　　　　　　　　　　　　极限控制

大战的硝烟之中，有几位在战场上牺牲了，其他的人受了伤。尽管"猛士"支队里仍然有人抱怨，但我们海豹突击队和伊拉克部队还是在艰险的战局中，用鲜血、汗水和泪水建立起了友谊的桥梁。

因为运用了美国陆军第一装甲师第一旅特战队"取胜、清理障碍、掌控局面并建立秩序"的战略，很快，敌军便撤出了他们之前在拉马迪建立的安全基地。因为每次任务我们都与伊拉克部队并肩作战，我们的长官便批准了我们所有深入敌占区的计划，这也是对我们这个策略的支持。这让我们有效打击了敌人，让那些地区变得稍稍安定一些，美国陆海军部队便能在那里建立永久性的战争前哨站，并在那一带巡逻，将敌人赶出他们之前的根据地。结果，当地人都不再支持暴恐分子，转而支持我们美军以及伊拉克军队。一段时间之后，暴乱程度明显好转，而暴恐分子的抵抗能力也大大降低。到我们任务结束的时候，伊拉克部队已经能够自主在这里执行安保任务了，他们在城中巡逻，打击敌人，俘获并杀死暴恐分子。无论如何，我们的这个策划是成功的。

原则

为了使其他人相信，并激励他人跟随自己达成一个目标，我们必须对这个目标绝对有把握。就算其他人质疑其风险程度，问"这值得吗？"我们也必须更加确定。如果我们自己都没有信心，那么也就不会克服重重必要的挑战，去获得胜利，更无法说服其他人——尤其是必须去作战的前线部队——跟随我们一起去完成任务。

我们必须相信，他们的使命比自己以及自己的利益更重要。他们必须将这种信念传达给所有人。如果你想要获胜，达成一致的目标，那么，对这个目标的信赖比训练和装备要更重要。

大多数情况下，我们的思想和目光都必须专注于目标。一旦你相信了它，那这种思想也会传达给所有人。人们没有把握的时候，言行是不可能透着自信的。

如果我们的思想和目光不专注于目标，那才是最大的挑战。如果你自己都不敢确信目标，那么别人就会看出这一点，而且，他们自己也会不确定自己的选择是否正确。

我们必须能从急切的任务中抽身出来，明白怎样通过目前的状况达成最终的目标。在军队里，你接到的命令，自己都有疑虑，都不明白，就一定会问这个问题：为什么？为什么我要这么做呢？你必须后退一步，了解清楚情况，分析战略布局，然后做出结论应该怎样应对。如果自己没有满意的答案，必须询问长官，直到理解了为止。只有理解了缘由，才会完全相信自己所做的一切，继续前进。

同时，你有义务向下级解释行动的理由，并回答他们提出的问题，这样他们才能明白并且相信。

其实，无论是在军队还是在别的地方，实际做任务的人都不会有高层那样的眼光，能够理解策略的转变。关键是，你必须理解高层的意图，高层也必须让部下理解战略意图——即为什么要那么做。

大家的目标必须一致。如果目标不一致的话，那么，大家必须调整步伐，重新出发。无论在任何地方，我们都不会明知会失败而选择行动。但是，并不是所有人都会理解某项策略，因而也不会相信这一策略。我们必须向下级询问情况，并且将反馈传递给高层，这样，高层才能完全把握全局，明白这些策略会如何影响下层的反应。

对任务的信任度与第四条战争法则　分散权力（第八章）紧密

相关。我们不仅要说明需要做什么，还要解释为何要这样做。从这个角度而言，在我们自己不明白的时候，就必须要跳出来询问为什么。只有所有人都理解并相信这个任务，他们才能将这种理解和信念传达，在面临挑战时，完成任务，赢得胜利。

第四章　放下自尊

约克·威林克

//

伊拉克拉马迪科雷吉多尔营：欢迎来拉马迪

我跑上位于三楼的战术作战中心时，敌军的追踪机正在我头顶盘旋。我们的营地正遭遇攻击，我甚至都没有时间扣好我自带的武器。战斗开始之后，我抓过了头盔和枪，将其他装备甩过肩头，朝屋顶冲去。海豹突击队来了十几个人，有些人还只穿着短裤和短袖衫，套着防弹衣，扛着武器，戴着头盔。

黑暗中，幼发拉底河对面，敌军已经重火力出击了，美军两支独立哨站和美国将士们也猛烈回击，双方阵地上火光冲天。河对岸，另一支敌军已经瞄准了我们营，猛烈地攻击我们的战术作战中心所在的建筑物。

但是，他们并没有预期到我们的反应。几分钟内，所有"猛士"支队的海豹突击队员以及非海豹突击队的援军都已经到屋顶去回击了。有些海豹突击队员用的是M4步枪，还有些是40mm的M79榴弹发射器，其他人携带的是MK48和MK46弹药袋机枪，我们对敌人的炮火展开了猛烈回击。我命令一位M79的炮手打开几盏40mm的照明灯，这样能更准确地瞄准敌军。

　　立夫就站在我身旁，一边指挥战斗，一边朝敌军开火。他另一侧的那名海豹突击队员刚刚从机枪上卸下那个装有200发子弹的弹药袋，朝屋顶扔了许多用过的子弹壳，掉在地上发出"啪嗒"的声响。大家都在开火射击，一番枪炮之后，大家大笑了起来。很快，敌军死的死，撤退的撤退，他们的攻击也不再那么猛烈了。那名海豹突击队的机枪手环顾四周，微微一笑。

　　"这是我第三次来伊拉克作战了。"这名机枪手激动地说，"而刚刚是我第一次在战场上使用机枪。"这是他来拉马迪战场的第一天。

　　我们来这儿也刚一周，包括我、立夫和其他一些主要军官。但是，"猛士"支队的大部分人当天才来，我们在屋顶的枪战可是给"猛士"支队敲响了警钟。这里是拉马迪，伊拉克的主战区和最暴乱的地方。对我们这些先赶到拉马迪执行任务的人而言，这让我们认识到，这一次任务非同寻常——比以往要更危险。欢迎来拉马迪。

从2005年到2006年，对我们大部分参与"伊拉克自由行动"的美军将士而言，安巴尔省这一大片不稳定的区域可是伊拉克最危险的地方，而拉马迪又是这一大片区域里最致命的地方。

拉马迪位于幼发拉底河岸边，人口40万，是安巴尔省的首府，也是逊尼派暴乱分子的活动中心。这个城市已经千疮百孔，满目疮痍了，建筑物墙壁上满是弹孔，街道上的许多车辆已经被焚烧变形，只剩一堆废铁了。城市里的主干道上布满了简易爆炸装置爆炸后留下的坑和洞。成千上万全副武装的逊尼派暴恐分子效忠于伊拉克的"基地"组织，这一组织控制了这座城市约三分之二的地盘。如果没有足够的武力装备，美军甚至都无法进入这些区域。大部分暴恐分子将这座城市看作他们的根据地中心。

英勇的美国陆海军将士们沿着布满了简易爆炸装置的街道巡逻前进，在敌区布警戒线并搜查，以期与敌人大战一场。拉马迪的数千名美军将士，大部分都驻扎在拉马迪城外的安全区；但拉马迪城中的主干道上，一小支单独执行任务的美国陆海军前哨部队不断受到敌军袭击。

拉马迪地区暴恐势力的复杂程度令人难以应付——远超过我们"猛士"支队的人以前在伊拉克服役时所见的景象。一周里，总有二三十人一组的敌军部队朝美军展开猛烈袭击，这些攻击的目标都是相隔不过数公里远的美军前哨站，而且是同时对多个前哨站进行攻击。

袭击的模式大都是一样的。每次开始时，机枪声四起，不断打击美军哨所，美军警戒人员不得不实施掩护。将士们蹲下之后，RPG-7肩扛榴弹很快就上场了，发出了巨大的声响，足以致命的弹药迸发出来。接下来，敌人的砂浆（从遥远的地方喷射过来）像雨一般准确落入了前哨站的墙壁之内。这些都是为了毁掉前哨站或者强迫我们低头躲避，不再还击，这时，敌军会使出最后也最致命的武器：一位不怕死的士兵驾着装满了数千磅重的炸药的大车开过来。

这些袭击都经过了精心部署，且都造成了严重的后果。逊尼派的"圣战"分子可比两年前我在伊拉克见到的那些暴恐分子更强大。他们能轻易摧毁美军的前哨站，造成大量死伤。然而，这些勇敢无畏的美军每次都能坚守阵地，给予敌人猛烈的回击。那些坚守着瞭望台的年轻陆海军将士们并不找掩护，而是勇敢地挺身而出，用自己精准的枪法回击，他们无畏的表现使那些汽车炸弹无法在战场上爆炸。汽车炸弹可能爆出巨大的火球，造成强烈的冲击，然而敌军却无法靠近，而美军及其营地都被掩在沙袋和钢墙之后，免受打击。对于那些在战场上经历这些战火的将士们而言，这样的场景已经司空见惯，习以为常。这是在拉马迪的一天。

作为海豹突击队员，我们非常自信，甚至有点自负了。但是，我试图逐步向他们介绍承担所有责任的原则，以降低大家这种自信的程度。我们已经形成了永不满足的习惯，我们总是不断努力，以改善我们的战绩。我经常告诫部下，我们不能轻视敌人，不能骄傲自满。受此影响，2006年，在拉马迪作战时，海豹突击队的成员们表现都很勇敢。

我们刚抵达拉马迪，就被战火硝烟的残酷所震撼，美国第二十八步兵师第二旅战队（2-28）将士们英勇的表现也让我们动容。我们海豹突击队的优势是经过先进的训练、一流的武器装备、激光器、照明设备以及特种作战指挥部所能供应的其他小器械。然而，我们敬畏那些在敌占区的前哨值班的将士们，他们每天都要与强劲的敌军殊死搏斗。第1装甲师第1旅特战队取代2-28战队一个月，与我们并肩作战的时候，我们对这些战友兄弟们非常崇敬，并且以与他们并肩作战为荣。与我们并肩作战的每一位战友都经历过那场战役，有多人受伤，这些将士们才是真正领略过战争的残酷的，他们被尊称为"勇士"。

敌人的实力也不容小觑。他们很警惕，总是在观察，分析，试图找出我们的薄弱之处。如果美军想要在拉马迪取胜，我明白，我们所有人——美军的陆海军常规部队以及特战队，如我们"猛士"支队里的海豹突击队员——都必须相互协作作战。然而，糟糕的是，有一小批特战队成员，包括海豹突击队员，都将自己视作可单独行动的特例，而非美国常规部队中的一员——这种思想使一些常规军指挥官不喜欢特种作战部队。我们立刻便明白，这种态度是不对的。如果美军想要赢得拉马迪这场硬战的胜利，我们就必须放低姿态，协同作战。

来这里之后，"猛士"支队的所有队员都会非常尊重我们的陆海军战友兄弟姐妹，并且我们对待他们也是彬彬有礼的。海豹战队的队员们都留长发，制服肥大。然而，对常规部队而言，着装打扮是其专业性的体现。这次任务期间，我一直坚持让"猛士"支队的队员们将服装裁剪合身，头发剪短。我们要想方设法与这些常规部队合作，相互支援。我们的目标很简单：就是维持拉马迪城的和平。抱着这种谦逊和相互尊重的态度，我们与陆海军战队以及在拉马迪一带战场的其他连队的关系都非常紧密。那些将领们也会让他们深陷战场硝烟中的将士们带着火力支援来帮我们，例如M1A2艾布拉姆斯坦克和M2布莱德雷战车，我们需要的时候，他们甚至还会给我们做伤员护送。

在拉马迪作战一个月以后，"猛士"支队熟悉了这里。我们已经明白，要如何使自己占领优势位置，以便我们能给敌军最有效的打击，并为城里的美军常规战队提供支持。敌军重新袭来时，海豹突击队的狙击手马上开始行动，精准的狙击炮出手，死伤的敌军一大片，扰乱了他们的袭击。暴恐活动升级，我们海豹突击队的行动也随之升级。一旦海豹突击队暴露了行踪，他们的任务就从隐蔽性攻击变成了公开性的大规模进攻。海豹突击队的机枪手也会加入战斗，用重型机枪朝敌军开火，其他队友则投出了40mm的高爆榴弹，以及我们自己的肩扛式榴弹。很快，我们"猛士"支队杀死的敌军就不计其数了。每一名敌军死亡，就意味着更多美国陆海军将士以及海豹突击队成员又多存活了一天，他们也更接近与家人团聚的时光。每一名敌军的死亡还意味着另一位伊拉克士兵、警察或政府官员的存活，更多的伊拉克平民免遭伊拉克"基地"组织及其炮火的袭击。我们面对的是一个邪恶的敌人，也许算得上是美军所遭遇过的最邪恶的对手。这些暴恐分子将拷问、掠夺和杀戮当作武器，来胁迫、恐吓并统治这里极度恐慌的无辜平民。以前，美国以及西方的大部分民众对这些暴恐势力的手段闻所未闻，这是非人类的暴行。我们，以及那些受这种残暴统治的人对这些都习以为常，而且都认为，这些"圣战"者不值得怜惜。

我们海豹突击队战队有36人，指挥官会关注我们每天杀死的敌人数量。我们"猛士"支队继续高效率地执行任务，不断地杀死敌军，驻扎在伊拉克的其他部队也想要参与拉马迪的战役。

来自伊拉克另一地区的一支军团与我们拉马迪的海豹突击队实力相当，与他们并肩作战的是一支受过良好训练的伊拉克部队。跟大部分伊拉克将士不一样，这支部队装备精良，包括一些伊拉克上好的枪支弹药、望远镜、激光器、夜视镜和防弹衣。受过良好的训练，又拥有精良的武器装备，这些伊拉克将士的体能和技巧远胜与我们合作过的伊拉克其他部队。因为他们受过专业训练，而且跟美军的顶尖部队实力相当，无论在哪里作战，这支伊拉克部队与他们的美军顾问配合非常到位。他们听说了拉马迪的战况之后，很快就赶去那里参与作战。

新部队到来之后，马上就赶赴了城市东部的科瑞多尔前线作战基地。该基地隶属美军第101空降师第1营第506伞兵团——这支神奇的1/506团因斯蒂芬·安布罗斯的《兄弟连》一书（后被改编成HBO的电视连续短剧）而出名。它记录的是"二战"时在欧洲战场对抗纳粹德国的一支连队的故事。那些勇士们树立了榜样，而如今1/506团的将士们遵循了他们的传统，并创造了自己的神话。

1/506团的长官是一名陆军中校，他很机灵、很有魄力、非常专业，是所有优秀军队指挥官的典范，他是我有幸效命的最棒的指挥官之一。他下令的时候态度温和，然而却不容违抗。他是一个非凡的指挥官，在拉马迪的残酷战场上引领军队，尤其是科瑞多尔营，这需要超凡的领导才能。

在科瑞多尔营的生活原本就像战争一样，一切举步维艰。粉末状的细沙，美军称之为"月球尘土"，建筑物、武器装备、车辆、服装乃至人的皮肤上都布满沙尘。而这些都还只是小问题，因为靠近马拉布区，科瑞多尔营经常受到迫击炮、机枪和榴弹的袭击，马拉布区可是伊拉克最危险的地区之一。

这位中校明白，只要稍有懈怠，哪怕只是去餐厅吃顿饭，都可能会造成伤亡无数，因此他希望1/506团的将士们都坚守原则。此刻，原则的首要条件很简单：头发要剪短，每天要剃胡须，穿制服。除此之外，还有更重要的：任何时候出门都要穿防弹服，戴头盔，武器随时准备好，命令一到，将士们便可以出动了。这种原则使人随时保持警惕，并做好战斗准备，在战场上，这就是高效能的表现，以至无往而不胜。

我们派出了查理野战排的"猛士"支队，去科瑞多尔营给那里的伊拉克部队培训，指挥他们作战，并配合1/506团的作战任务。"猛士"支队抵达后，便按照1/506团的方式行事了。他们不再像在其他地区那么轻松自在，衣衫不整，而是剪短了头发，每天剃胡须，甚至穿上了与1/506团一样的制服。服装的统一使海豹突击队员们与1/506团的将士们更加亲近起来。这些将士们在拉马迪血战了近6个月，海豹突击队员们对他们的态度十分恭敬而专业，他们也回以同样的敬重，很快，这些将士与海豹突击队员们的关系更加深厚了。

我们海豹突击队在科瑞多尔营驻扎了数周，很勇敢、高效而熟练地完成了多次危险的作战任务，随后，新的部队过来了。起初，在科瑞多尔驻扎的海豹突击队的军团长官很担心，他用军用电话打电话给我时评价说："这支部队比我们更好，他们经验丰富，他们之中的伊拉克将士的能力远超我们部队里的伊拉克常规军。他们武器装备都胜过我们，而且与他们一起的伊拉克人甚至都会狙击。"

我说："那很棒。伊拉克居然有士兵会狙击，我很高兴。如果你让他们规矩一点，并带他们熟悉战场，那他们就会成为强有力的部队。"

"我不知道，"海豹突击队的军官回应说，"我担心这些家伙的表现会超过我们，并接替我们接手这里的作战任务。也许我应该让他们明白这一点。"

我马上就明白了他这话的含义。这位军官非常优秀，此刻，他感觉自尊心受到了挑战。他不是想着要帮这支新抵达的部队适应这里的环境，而是想着"要让他们自己明白这一点"。在拉马迪这样的危险之地，试图自己摸索就等于自杀。

"不，想都别想。听着，敌人就在外面。"我直接告诉了这位军官。

我们的敌人就是潜伏在拉马迪城里的暴恐武装部队，在美军基地里，我们没有其他的援军。我们必须努力，一致对抗暴恐武装，我们不能让自尊阻挡我们的脚步。

我继续道："这支新来的部队——这些美国军人和优秀的伊拉

克军人，也许是最优秀的伊拉克军人，你们必须尽你们所能来帮助他们。如果他们的表现比你们更优秀，取代了你们来执行这里的任务，这样很好。我们会给你们派新的任务，我们的任务是要击败暴恐武装，我们不能让我们的自尊心凌驾于我们的任务之上。"

"明白了，头儿。"这位军官说。他很机灵，也很谦逊，因此他很快就意识到，自己刚才的观点是错误的，并且改正了自己的态度。他知道，讲究哪支部队做的任务或者谁付出得更多是不重要的。我们的主要任务是这次战争，我们怎样才能做到最好并取胜。他和他的部队已经很勇敢很努力了，并且来科瑞多尔几周时间里，他率部队参与了数十场激战。他们已经接受了另一支特战队的全力协助。

这位军官很快就不顾自己的自尊了，然而，其他人却还顾着自尊。新的部队开始与海豹突击队员和1/506团的将士们接触之后，他们中的一些人挑起了眉头。有些人并不像在科瑞多尔营的1/506团以及我们海豹突击队员那么谦逊，新部队中的某些将士们故意表现得修养不足。有些人留着大胡须，甚至山羊胡，头发留得很长。他们头戴肮脏的棒球帽，身穿休闲T恤，制服也是随意搭配的。现在，为了接近当地人，或者拉近与自己并肩作战的友军的距离，某些驻扎在偏远地区的军队可能会这样不过分讲究自己

极限控制

的外在形象。然而，这里是拉马迪，我们接触的是陆海军总部隶属的常规军队，这样的行为无疑会引发冲突。

这支部队里的某些人认为，他们不用遵循中校严苛的服装制度。但是，这只是需要面对的问题之一。毕竟，干净的服装并不能证明士兵是否优秀。然而，事态可不止如此。这支部队里的某些人甚至不尊重常规军队的将士，他们不仅不尊重普通士兵，就连见到1/506团的长官，他们也一副高人一等的姿态。事实上，1/506团里的步兵都比这支部队里的大部分人经验丰富，他们这样的态度真是令人震惊。

更糟的是，这支部队还声称，他们拒不接受建议，也不会像我的连队长官和海豹突击队成员一样。在拉马迪情况最糟糕的地方连续作战数周之后，我们海豹突击队队员学到了很重要的挽救生命的教训。从穿什么服装到怎么穿，再到有多少弹药要搬，任务中需要多少水，有效的战略计划等，海豹突击队学到了在这个特殊地带作战所必需的诸多本领。他们想要将这些信息传授给新来的部队时，却遭遇了对方的冷脸。在这种不利的情况下，这样自负可是很危险的，那些没有真正经历过考验的人总是会犯错误。

拉马迪潜伏着数千名暴恐武装分子，因此这里十分动乱，每一支美国战队都必须调整作战计划，相互配合，相互支援。这里，大规模的敌军袭击，是很可能压垮或摧毁一支美军部队的。这就意味着，为了确保行动的一致性，大家必须熟知彼此作战计划的所有细节。无论是大规模的战斗，还是简单的物资输送，都需要与其他部队合作，并让他们知道自己队伍的计划，以确保大家都能存活，并防止自相残杀是很必要的。然而，在做部署的时候，这支与1/506团合作的新部队却拒绝公告他们的作战部署、地点、时间安排和其他细节，因为他们自认为自己"很特别"，所以他们认为不需要将他们的战略部署告诉中校。也就是说，在没有与1/506团协调的情况下，他们就要与中校的部队并肩作战，当情况变糟的时候，还需要依靠中校的支援。连队的指挥官询问他们第一次作战任务的部署时，新来部队的指挥官却说："必要的时候，我们会告诉你们的。"

1/506团战术作战中心询问，执行任务时，新来的部队打算占据哪个位置时（这是为了防止在同一区域内执行任务的友军朝他们开火的惯例做法，并且在必要的时候，1/506团能给他们提供必要的帮助），这支特战队只在参考坐标格网上画出了一个四线格。这就是说，特战队可以停留在距战术作战中心1000米的方格网内的任意一处，这一点用处也没有。之前，我们就因为没有共享信息而导致了自相残杀。如今这里环境险恶，同一战区有大量全副武装的

　　　　　　　　　　　　　　　　极限控制

敌军和联盟友军出没，这样缺乏协作很可能会被判死刑。

很快，海豹突击队军官就向我报告了新部队与1/506团之间的摩擦。我的指令很简单："他们需要什么，就给予什么帮助，如果可以，试图帮他们调和。"

这支新部队的指挥官们被赞扬为"非常优秀"，不幸的是，他们也相信了这一点。不到两周，紧张的局势一触即发。中校命令这支特战队撤出科瑞多尔营，他们将不得再进入1/506团的战区，如此自负的队伍对中校以及他的指挥官们没有用处。尽管这支部队的作战能力相当优秀，对拉马迪的战争局势会起到促进性的作用，然而，他们中某些人优人一等的姿态却对战争无益，而且也伤害了1/506团。结果，这支原本优秀的部队无法出现在拉马迪战役之中了，而德尔塔战排的海豹突击队继续完成史上最艰险的一些任务，在1/506团战友的协助下，杀死了数十名敌军将士。

原则

尊严可以毁掉一切：战略部署，对建议的接受程度以及对积极的批评的接受程度，甚至毁掉自我保护的盔甲。通常，最难于处理的就是自尊。

　　每个人都有自尊心。生活中最成功的人士——无论是在海豹突击队，还是其他军种中，抑或是职场人士——总是会受到自尊心的驱使。他们想要赢得胜利，成为最优秀的人士。然而，如果自尊扰乱了我们的判断，妨碍了我们看清世界的本来面目，那么自尊心就是有害而无益的。如果个人的利益变得比整个任务的成功还要重要，那么，行动就会受到阻碍，任务也会失败。实际上，大多时候破坏性因素都可以直接归咎为自尊心作祟。

　　运用极限控制的原则就意味着你要丢掉自尊心，并非常谦逊地做好自己的任务。想要获得成功，承认错误，为这些错误承担责任，并想方设法克服困难都是必要的条件。自尊心会让你对自己的表现做出虚假的、不切实际的评价。

　　我们海豹突击队的成员都努力变得自信，而不自负（详见第12章）。我们海豹突击队都以这个集体的光荣过去为骄傲。我们相信自己的技能，相信我们自己能完成的事，并对那些别人不敢尝试的挑战性任务跃跃欲试。但是，我们不会想，我们太过优秀，终会失败，或者，我们的敌人无能，无法看透我们的弱点。我们不能骄傲自满。这也是控制自尊心的关键所在。

第二部分

战 场 的 法 则

第五章 寻求帮助

立夫·巴宾

/////////////////////////////////////

伊拉克拉马迪中南部：寻求帮助

"那我们在干什么？"军士长官问道。

时间在流逝，分秒必争。没有什么好的选择，每一个选择都可能产生致命的后果。然而我要打个电话。

在我们称作"狙击防守"的作战任务中，通常，我们海豹突击队的狙击手和机枪手都会去保护出现在街头的部队。我们占领建筑物的高层，并将狙击手安排在他们最能观测并瞄准意图袭击的敌军的地方，这样才能在敌军做好充分准备之前扰乱他们的袭击，降低其攻击力。这降低了在街上巡逻的美军和伊拉克部队所要面临的危险，使他们更安全地完成任务，确保更多的美国陆海军将士能活着回家。

美军第1旅特战队（第1装甲师）采用了一种全新的策略——取胜、清理障碍、掌控局面并建立秩序，使拉马迪免遭暴恐武装的步步紧逼。这就意味着，美军要深入最危险、最暴乱的敌控区，击溃暴恐武装，建立永久性的美军作战前哨站，以便进行更多的作战任务。伊拉克士兵也参与了这个行动。一旦在敌占区站稳了脚跟，下一步就要在敌占区展开行动，并取得附近伊拉克平民的支持。这一策略要想成功，就必须展开扫荡行动——即一栋栋房屋进行搜查。这些行动通常仅限白天才施行，因此对美国陆海军和伊拉克部队来说，这样在城市最暴乱的区域一条条街道、一栋栋房屋地搜索十分危险。

在一次行动中，"勇士"战队（美军布瑞沃公司第37装甲团第1营）计划在距他们在敌占区中心地带的基地好几个街区外的区域内进行扫荡，"猎鹰"观察站就位于这里，是拉马迪中南部最危险的地段之一。这样一次行动需要约100名陆军将士，以装甲部队——M1A2艾布拉姆斯主战坦克和布莱德雷战斗车——以及车上大量的火力为后援。为了增加"勇士"战队的兵力，还派遣了增援部队。

经过多次危险的作战任务，我们使美军将士们和"勇士"战队的战友们紧密结合了起来。"勇士"战队的队长是我所认识的最优秀的战争指挥官之一，他和他的部下都非常优秀，在这危险的敌占区中心地带不断的战火硝烟之中，他们所表现出的勇气和好胜的精神，我们海豹突击队只有奉上无尽的敬意。通常，我们海豹突击队都是在"猎鹰"观察站以外的地方执行任务，并深入敌区。我们经常会受到暴恐武装的袭击，这时，"勇士"战队的队长就会自行从自己的战车中出来，集合部队，开着他们的M1A2艾布拉姆斯坦克代替我们出战。他和他的部下是一支杰出的部队，奋勇杀敌，因此，我们都很爱戴他们。

　　这次搜查行动中，我们"猛士"支队的海豹突击队员们会提供狙击掩护，一些美军顾问会带领一支参与地面清理的伊拉克军队。约克与负责地面清理的连队指挥官合作，约克不仅指挥整个任务，还要在复杂地段与海豹突击队协作支持任务。

　　部署这次任务的时候，我们决定，派遣两支海豹突击队狙击掩护小组，去数百米外掩护美军和伊拉克部队，他们对那一地带的房屋进行逐一搜索。第1掩护小组由查理野战排的副指挥官率领，他们将占据"猎鹰"前哨站东部约300米外的一栋四层的公寓，保护搜查队的北部。我率领的第2小组包括8名海豹突击队员和7位伊拉克士兵，我们计划占领搜查队南翼，"猎鹰"前哨站东南部1公里远的地方，沿着一条宽敞的布满简易爆炸装置的街道执行任务。

当地时间凌晨2点，第2小组从猎鹰前哨站步行出发，没入了黑暗而危险的拉马迪街道之中。街道上空无一物，周围一片宁静。然而，这附近，敌军可能藏在任何一个角落里。另一支海豹突击队掩护小组第1小组，将于1个小时后离开，因为他们的驻扎地离安全前哨站很近，而且他们之前就在那儿执行过任务，对那里的情况很熟悉。而我们第2小组距驻扎地更远一些，而且我们之前从未搜查过那附近的房屋，我们需要更多时间来占据优势地点。这次巡逻中，我担任指挥官，位置就在排头兵的身后，列第二位。我们悄悄地经过街道，武器指向每一个角落，观察着敌军的动向，我们随时都要做好作战的准备。我们非常小心地避开地上的残骸垃圾，例如街道上的垃圾堆或其他可疑的地方，每一步都要慎之又慎，因为简易爆炸装置非常多。我们每个人都扛着很重的武器、弹药和水，因此行进更加艰难，我们都明白，白天可能会有一场大战。

这个城市战区就像我们所见过的好莱坞的"二战"大片里的战区一样：墙上遍布弹孔，街道上都是焚烧过后的车的残骸，房

极限控制

屋断壁残垣，到处都是弹坑。身处这样暴动和混乱的地方，真感觉目睹的一切都不是真的。我们继续在遍布垃圾的街道上巡逻，用武器指向各个方向。我们的巡逻是沿着小巷前进的，避开了那些为数不多的明亮的街灯（大部分街灯因没电而不亮），以及那些街道上的狗，因为它们的叫声会暴露我们的踪迹。我们计划占领一栋两层的房子作为我们第2小组的观测点，因为我们认为它能让我们清楚地观测搜查队南翼的情况。

20分钟的安全巡逻后，我们抵达了目的地。我们全队在院子围墙外的大门口附近找到了安全地点隐蔽。我们举着武器掩护，催促两名伊拉克士兵翻墙进去。很快，他们便从里面打开了大门，让我们都进去了。海豹突击队的枪手和伊拉克士兵们悄悄地快速潜进院子里，朝房子的前门跑去。伊拉克士兵敲门，希望里面的家庭出来开门。一名伊拉克人打开了门，见到我们，他不知所措，但还是同意我们进去。海豹突击队很快清理了院子，查看了每一间房屋以及第二层上的阳台、屋顶和内院，看是否有威胁分子在。清理结束之后，我们确定这里是安全的。

从这栋房子里，可以清楚地看到主干道一侧的情况。然而，另一侧的视角却不太好，只有裸露的阳台那里的视角稍好一点。而且，这里隐蔽性很好，埋伏在这里的人不容易被外界察觉。我们第2小组的狙击手将这些信息报告给了我和我们战队的士官——他是我最信赖的指挥官之一。我们正处于进退两难之际。

"我们可以占领下一栋房子，并让一支安保队驻扎在那里。"士官提议道。这个主意很不错，我们于是决定按此行事。

我们留下一个小队守在这栋房子里，并派遣一小支清查队去了附近的那栋房子里。然而，他们的发现也不容乐观：观察点也不够好。将部队分散安置在两栋房子里会大大削弱我们的实力，尤其是在这样危险的地方，旁边埋伏着全副武装的暴恐分子，我们随时都可能遭遇袭击。这个决策并不实用，于是我跟那名军官把情况都说明了。外面仍然一片漆黑，不过很快太阳即将升起，清真寺的尖塔里很快会传来号召祈祷的声音，唤醒整座城市。时间已经不多了，搜查队的将士们很快就会开始他们的行动，他们要依靠我们海豹突击队的狙击掩护小组来给他们打掩护。

"没有什么好的选择，"我哀叹道，"我们最不错的选择就是让大家都聚集到最初的这栋房子里来，并尽我们所能保护这个地方。"军官也同意了，很快就施行了这个计划。我们知道，这里有很多缺陷，但我们为了降低风险，什么都会去做。我们小心地将海豹突击队的狙击手派到了指定位置，以保护地面的部队，队伍里的其他人则保护在阳台上略有点暴露的狙击手。都进入指定位置后，第2小组的海豹突击队无线电技师向第1小组发去电报报告我们的确切位置。然后，我们用"勇士"战队的网登录，将我们的位置发给了约克，他正跟"勇士"战队待在"猎鹰"前哨站，这样他才能与其他地面部队协作。

"真——主——阿克巴……"清真寺的大喇叭里传出的祈祷声响彻整个城市，也标志着黎明的到来。很快，第一缕阳光染红了东方的天际，拉马迪中南部开始恢复活力。在这个被战争蹂躏的城市里，也出现了寻常生活的踪迹。人们从房子里出来，车驶出车道，开上了城市的街道；牧童们赶着羊群穿过道路，去幼发拉底河肥沃的河边放牧。太阳升起来了，温度也会越升越高，中午的温度甚至能超过115华氏度〔摄氏温度=（华氏温度－32）÷1.8，按此公式，约为46℃〕。

"勇士"战队通过无线电通报了他们正在进行任务的消息。十几名士兵（包括海豹突击队和伊拉克士兵组成的清理小组）从"猎鹰"前哨站出发，携带着从艾布拉姆斯坦克和布莱德雷战车上的装甲武器。离我们这个地点数百米远处，第2小组听到了坦克轧过路面发出的轰隆声以及车上的燃气涡轮发动机的轰鸣声。约克与搜查队离开的时候，我和约克通过无线电取得了联系，一切都在按计划进行中。

在这样恶劣的环境下，敌人要发动袭击用不了多久时间。第一次侵袭是从北部开始的，第2小组能听到第1小组的海豹突击队狙击手连续打击意图侵袭的暴恐武装时发出的枪声。很快，我们第2小组的狙击手也发现，有3名敌军携AK-47和一枚RPG榴弹穿过街道，朝清理小队这边开进。狙击手们开火，击中了其中2名敌军，第三位不得不去找地方隐蔽。这些枪炮声暴露了我们的位置，敌人很快就发现了我们藏身的地方。一个小时内，机枪的子弹划过了阳台上两位海豹突击队员的头顶。这才刚刚开始，敌人纷纷朝我们的房子赶来，确定我们的位置。我们明白，他们发现了我们的确切位置，袭击无疑会更残忍，这一天就白白浪费了。

搜寻任务继续进行，只传来了零星的枪声和警示的枪声。海豹突击队狙击手的位置能使敌人在发动袭击之前就将其化解掉。机警的"勇士"战队的将士们和他们的坦克也是对敌人巨大的震慑。日出2小时内，"勇士"战队的将士们和约克以及那一小支配有海豹突击队军事顾问的伊拉克士兵们就清理了区域内的每一栋房子。完成了任务之后，他们安全返回了"猎鹰"前哨站。这次行动相对而言比较顺利，在如此危机四伏的拉马迪中南部的中心地带，这可谓是个奇迹。没有美军或是伊拉克部队伤亡的报告。这既证明了参与

极限控制

其中的美军的高超策略和战斗力，也体现了海豹突击队狙击掩护组的高效率。

搜查部队返回了"猎鹰"前哨站，两支海豹突击队掩护小组——小组1和小组2——也就完成了我们的任务。按标准程序，我们要一直守在位置上直到天黑，然后在黑暗的掩护下回到基地，这样，穿过街道的时候我们也会更安全。白天光明磊落地在敌占区巡逻很容易遭到敌人的攻击。敌人的机枪、RPG-7肩扛榴弹和简易爆炸装置的威力足以致命。然而，第2小组留在原地同样危机四伏。我们占领的房子有诸多战略上的弱点：敌人已经知道了我们的具体位置，只要有足够的时间，敌军就可能发动猛烈的攻击。倘若他们真的发动攻击，我们的伤亡可就惨重了，而且我们的位置很可能会被附近来势汹汹的敌军抢占。

对将领而言，这可真是进退两难。我再次与我信任的将领商讨军情："我们可以留在这里，直到天黑，或者快速从这里突围，步行回到'猎鹰'前哨站。我们也可以召集布莱德雷装甲运兵车队①来载我们离开，但是那要耗费一点时间。"布莱德雷车队用装甲钢板后的小武器提供保护，有一挺25mm的链条机枪和

----

① 每辆布莱德雷装甲运兵车能载6名士兵。

7.62mm的共轴机枪，都是很棒的武器。然而，要与我们协作，他们还要花一点时间整理部队，并开车赶往我们这里。布莱德雷车的噪声很大，敌人老远便能听到它们的声音，这样会使车上的美军部队遭遇简易爆炸装置的袭击，因为简易爆炸装置清除小组并没有清理过这些路面。这就很可能引爆简易爆炸装置——就是隐藏在路上的致命的炸药，会造成车里人员的严重伤亡。如果真的造成了伤亡，那我们就需要更多的车辆和部队来救助这些伤亡者，修理被损坏的车辆。

倘若请求布莱德雷车队到来，就还要等待约半个小时的时间，这对"勇士"战队而言可是很危险的。而且，驾驶着战车穿过布满简易爆炸装置的街道也很危险。如果我们按照标准一直等到天黑，我们几乎肯定会遭遇敌人猛烈的攻击，持续时间可能有10到12个小时。如果这些袭击扼住了我们的弱点，我们将会陷入左右为难的境地，若不寻求大量的火力支援，不让其他部队冒更大的风险来救出我们，我们无法脱身离开这里。

如果我们马上步行离开，返回"猎鹰"前哨站，我们也可能遭遇袭击。但是，这很可能是一场快速的袭击，敌军部队没有足够的时间相互协同配合作战。我们只要快速行动，利用街道的弯弯绕绕来扰乱敌人，使他们无法猜测出我们回"猎鹰"前哨站的具体路线，这样，他们便无法设下埋伏。但是，无论是多么迅速而短暂的战斗，都会造成我们的严重伤亡。

这一刻，没有什么选择是很完善的，我们只能选择毁坏性最低的一个。

"那我们要做什么，头儿？"我信任的指挥官问道。

我需要打个电话。"我们要撤退。"我决定了，这才是最不错的选择。"我们整理好一切，尽快离开这里。"

"是，L-T（上尉）①。"他回应道，将我的命令传给了第2小组的其他成员，大家很快整理好了自己的武器，并再次仔细检查过，以确保什么也没有丢下。我们的无线电技师联系了第1小组，告诉他们，我们正步行赶往前哨站。他还将我们的行动通知给了已经回到"猎鹰"前哨站的"勇士"战队的战友们，约克和一些跟清理小组在一起的海豹突击队成员也在那里。

第1小组的巡逻范围仅距"猎鹰"前哨站300米远，他们的

....

① L-T是美海军海豹突击队战友对中级海军尉官的通用昵称。

任务没有什么风险。他们步行回到前哨站的行程很轻松，而且全程都有"猎鹰"派出的坦克和重机枪护航。第1小组回复第2小组说，他们也回来了。然而，他们却没有通知约克，这是错误的，因为这样他便无法协调我们的行动。

"收到。"第2小组的无线电技师回复第1小组。他将这一消息传达给了我和那名将领。然而，由于一直在忙着快速撤退，我们没有考虑太多。时间每过一秒，就意味着敌人有更多时间来组织对我们的残酷袭击。我们只用了几分钟就一切就绪了。我们向全队下达了简短的命令，强调说我们不得不快速离开。

"那我们出发吧。"大家一致同意。大家都知道，我们很可能会遭遇一场枪战。然而，我们都希望这场战役对我们有利，而对敌军无益。

一切都准备好之后，我们便溜出了房子，出现在街道上。第2小组大白天地出了门，武器指向各个方向，准备战斗。我们很快穿过街道离开了，身旁的伊拉克平民吃惊地盯着我们。战士们用枪对准他们，他们便识趣地保持着距离，不靠近我们，任何干扰全副武装的海豹突击队员的行动都是自讨苦吃。我们快速地经过了停靠在路旁的车辆和垃圾堆。这个城市里危机四伏，我们经

　　　　　　　　　　　　　　　　　　　　　　　　　　　　极限控制

过的每一扇门、每一条街道，远处街道的交叉路口，我们头顶的屋顶、阳台以及楼上的窗口，每一个位置都可能藏着全副武装的"圣战"武装，准备让我们伤亡惨重。

经过了专业的训练、实战演练所证实的我们的战略，非常实用，我们称之为"掩护并行动"。我们第2小组内部有4个小分队，一队掩护，武器用来对付可能出现的威胁，另一队负责执行任务。然后小分队互换角色开始行动，并再次互换回来。这样，小分队们竞相前进，用"掩护并行动"的战略来确保我们穿过街道的时候，还能做好作战的准备。

我们朝"猎鹰"前哨站顺利行进了约500米，然后遭遇了一场突袭，部队的后方遭遇了全火力攻击。暴恐武装一直尾随着我们，并用AK-47和PKC肩带式机枪对准了我们，子弹穿过了附近的墙壁，我们脚下的街道上灰尘滚滚。

很快，我们第2小组也开始用自己的致命武器强力回击。我们海豹突击队的机枪手实力也是不容小觑，他们无所畏惧地准确开火，就连敌军的枪炮在他们身旁炸响也无动于衷。我们就像一台运转顺畅的机器，运用了"中心剥离"的策略：两支队伍轮流朝敌军开火，并向安全地带转移，直到隐蔽好了为止。这些英勇无畏的机枪手开火掩护，使我们安全撤离了混战区。几分钟内，我们踏上了返回前哨站的路程，经过了守卫在入口处的M1A2艾布拉姆斯坦克。我们越过了蛇腹形铁丝网和钢铁墙壁，进入了相对安全的美军前哨站。经过了长时间的长跑和上午重火力的枪战，我们都气喘吁吁的。但是，我们没有任何伤亡，我和将领相视大笑。我们刚刚在街上经历了一场残酷的枪战，打击了敌人，而且毫发无伤地回来了。这真的很棒，我们都很激动。

然而，我们战排的排长已经回到了"猎鹰"前哨站。他一直在搜查队里，并且跟约克以及我们的一小支海豹突击队战队和伊拉克士兵们先回来了。排长很不高兴。

"你们这些家伙在那里做了什么啊？"排长严厉地问道。

"您这话是什么意思？"我问道，听到这话我马上生出了抵触的情绪。

这位排长是个很厉害的将领——因一次枪战而出名。他有近20年的作战经验，在我们"猛士"支队，他可是经验最丰富的海豹突击队成员，我们都很看重他的指挥。面对战场，他从不怯场，非常勇敢，总是奋勇接近并摧毁敌军。那么，这次他为什么批评我们，尤其是我在战场上的指挥呢？

"您在说什么啊？"我问。

"你们回来的时候，为什么不让第1小组来掩护你们的行动呢？"排长问道。

我思索了一会儿，之前的抵触情绪马上消退了。他说得没错。

"没有为什么。"我明白他的想法是完全正确的，于是回答道，我也意识到了自己的错误，"我一直在担心我们这一组的情况，竟然没有想到要跟第1小组合作，我们本应该那么做的。"这是约克战争法则里的第一条规则：掩护并行动。我破坏了这条规则。我们自己这支队伍使用了这一条规则，然而我却忘记了大部队，忘记了可以获得外援。我们只顾着独立行动，忘记了相互支援。如果我们与第1小组沟通了，他们便能从高处精确观察到这一切，我们返回"猎鹰"的路上，他们可以给我们打掩护。我们到达"猎鹰"之后，也可以反过来掩护他们回来。

不合作真是愚蠢。我们并不是单独行动，尽管我们分成了几个小分队，彼此间隔着一点距离，我们为之努力的是相同的任务。敌人在一旁与我们所有人作对，我们需要相互支持与合作。我们必须做掩护，另一支部队才能顺利行动。我们第2小组这次真够走运。但是，排长知道，我现在也明白了，我们冒了一次不必要冒的风险，我们本该运用所有军力和战略技巧来面对控制着拉马迪的成千上万的敌军。我们最重要的战略优势便是合作，用最基本的战略——掩护并行动，来相互支援。

这次，我真如同醍醐灌顶。我太关注每个细节、每个决策，以及我这支部队当时所面临的挑战，我都忘记了还有一支部队，也忘记了他们可以协助——我们也可以帮助他们。

那之后，我再也没有忘记过排长的教导。我们每一次任务都会运用"掩护并行动"的原则，大家相互合作，相互支援。这种意识和这次教训无疑挽救了我们的生命，避免了重大的伤亡，使我们更高效地完成任务，取得胜利。

原则

掩护并行动，这是最基本的原则，也许也是唯一的原则。简而言之，掩护并行动意味着团队合作。整个队伍里的所有分支机构都很重要，必须同心合力来完成任务，为了那唯一的目标，彼此相互合作。整个队伍里的所有分支都必须相互支持，明白谁要依靠他们。如果他们不遵循这一原则，单独行动或者不相互支持，那么结果将会很糟，而且对他们所属的整个队伍造成不良影响。

无论是什么队伍，总会产生不同的分支部门。通常，大队伍里的小分支太过关注目前的任务，而忘记了其他分支部门的任务，以及他们自己是多么依赖其他分支。他们也许与其他部门竞争，出现阻碍的时候，他们就彼此仇恨和抱怨，这就造成了彼此的摩擦和冲突，进而影响了整个队伍的行动。领导者有责任继续观察战略性的任务，并提醒他们，他们是大部队中的一员。

队伍里的每一个人都对任务的完成负有责任，不过一定要分清主次。如果全队都失败了，即便团队里的某个人或某个部门成功完成了自己的任务，大家也还是都失败了。对别人指指点点，抱怨责怪只会让队伍里人们的关系更加紧张。所有人必须找对方式来合作，彼此沟通并相互支持。重点是，大家要一直关心共同的任务。

同样地，整个队伍都成功了，那么队伍里的所有人，以及支持这支队伍的所有人也就成功了。大队伍里的每一个个人和每一个小团队都共享这份成功的荣耀。完成主要的任务是大家要优先考虑的，团队成员、团队里的小分支以及支援队必须总是运用掩护并行动的原则——相互帮助，共同努力，相互支持以完成任务。任何团队想要成功，都必须遵循这个原则。

第六章　一切从简

约克·威林克

///

拉马迪"猎鹰"前哨站：作战

轰隆隆！

我坐在"猎鹰"前哨站内，炸药巨大的冲击力使得前哨站中间的墙壁摇晃不止，我惊出了一身冷汗。几秒钟之后，另一枚炸弹炸响了，再次冲击到了院子里。很快，大家都明白了，我们受到了迫击炮的袭击。暴恐武装精准地往"猎鹰"前哨站中心投下了120mm的迫击炮。这种迫击炮的攻击性很强，每一枚结实的炸弹里都有20多磅烈性炸药，被包裹在半英寸厚的钢匣子里，这种设计是为了使锯齿状的弹片四散开来，造成严重的死伤。这两次爆炸使"猎鹰"前哨站里的一些美军将士受了伤，其中一位伤得很严重，后来因伤而牺牲了。第三枚迫击炮击中了我所在房屋的屋顶，我身旁其他士兵发现，这枚炸弹并没有爆炸，因为它是哑弹。令人诧异的是，这些迫击炮正好冲击到了"猎鹰"前哨站的中心部位，这再次证明了我们所面对的敌人实力非凡。这个清晨，晨光乍现，这爆炸便冷冷地提醒我们，这里是危险地带，而我们正身处其中。

前一晚，立夫和他"猛士"支队查理野战排的海豹突击队员们，从美国海军陆战队调来了小型内河用艇，船上有一支非常积极的海军部队。查理野战排的海豹突击队员们，还有美国海军第二炮火联络公司的一支专家队（他们与之关系密切）、一小支美军狙击队和一支伊拉克的友军部队从内河用艇上跳到了河岸上。他们悄悄潜入了这个敌控区——这里是拉马迪最暴乱的地区之一，我们的海豹突击队成员是第一支抵达这里的美军地面部队。他们最先开始了一场巨大任务的前奏，成百上千名美军将士、坦克和飞机在拉马迪中南部建立起了一座前哨站，这里也是敌控区的中心地带。抵达这里之后的几分钟内，查理野战排便杀掉了一名持有武器的敌军士兵，当时天还没亮，他独自在这附近游荡。然后，海豹突击队员们控制了一栋建筑物，并在那里进行了清查，后来，这里便成了"猎鹰"前哨站，在这里驻扎了数小时，而海豹突击队的狙击手们则为数十辆美军坦克和战车做掩护，天还未亮，这些战车便跟随爆炸装置清理小组来执行任务。太阳升

起之前，我曾乘坐一辆M2布莱德雷战车，跟美军1-37特遣部队
（第1装甲师第37装甲团第1营）来这里与立夫和查理野战排会
合。我们任务就是命令和指挥我们"猛士"支队的海豹突击队员
们。我要让他们与1-37特遣队合作。

我们抵达后不久，查理野战排的海豹突击队员们便将他们清
理并占领的房屋，都归还给了美军"勇士"连的连长以及1-37
特遣部队的战士们。立夫和大部分海豹突击队员朝道路尽头的一
栋房子出发，去那里建立一个新的狙击点。美军工程师加强"猎
鹰"前哨站的防御措施时，他们要给工程师们提供狙击防卫，而
我则留在"猎鹰"前哨站协调他们的行动。这项浩大的策划和协
调工作需要耗费非常多的时间和劳力，要运送约3000个沙包，设
立150多处钢铁防护墙，数百码（1码约合0.91米）长的蛇腹形铁
丝网。这一夜很漫长。致命的迫击炮巨大的冲击力成为了我们早
晨的闹铃。

整个晚上都有间歇性的小规模战斗，但是没有很猛烈的交火。
那些迫击炮不只是减缓了我们执行任务的速度，而且是真正对我们
造成袭击的武器。英勇无畏的美军工程师们任务很重，他们一直
在忙碌，即便有炮弹掠过耳边，他们也没有停止工作。我认为，他
们真是勇敢的战士。伊拉克的烈日炙烤着这座满目疮痍的城市的街

道，人们都醒了过来，敌军也一样。很快，我就听到了远处街头那栋四层的公寓房屋的顶楼上，查理野战排的位置传来了海豹突击队狙击手的枪声。立夫通过无线电告诉我，他的海豹突击队狙击手们已经与意图袭击"猎鹰"前哨站的敌军交上了火。

然而，在敌占区建立战争前哨站才只是开始，我们还有更多任务需要完成。在敌占区中心地带建立这个前哨站的主要目的就是告诉当地人，我们美伊联军将留在此地，我们可不害怕那些强占拉马迪大部地区多年的暴恐分子。要做到这一点，光躲在重火力防护的基地里坐着可不行，部队必须走出前哨站，深入附近地区了解情势。他们的行动任务很简单，顾名思义：驻军巡逻。这需要一组士兵进入敌占区，使当地人知道，这些士兵已经在这里驻扎下来。在目前这种局势下，这个任务需要美伊两军相互合作来完成。

一位来自美军军事培训队（后文简称MiTT）的军官计划带领一支伊拉克部队进入这一地区。能与自己所率的伊拉克部队来巡逻并测验一下他们的勇气，这位MiTT的军官很激动。但是，这里是拉马迪，进入这附近巡逻可不轻松自在。这里的敌人野心勃勃，武器精良，并且已经枕戈待旦了。他们正准备着袭击，造成任何美陆军、海豹突击队、海军或是伊拉克的将士们伤亡。通

　　　　　　　　　　　　　　　　　极限控制

过与这位军官聊天，我发现，他并不明白这个行动所潜藏的危险性。我还留意到，他的伊拉克部下们并没有做好应对激烈巷战的准备，在拉马迪的这一地区，我们所面临的大都是这样的巷战。于是，我派遣了一小支海豹突击队员们来配合这支伊拉克部队，在必要的时候，给他们提供任何可能的协助。

这位MiTT军官与查理野战排一位年轻的海豹突击队军官和我进行了沟通，那名海豹突击队军官将率海豹突击队小分队与这支伊拉克部队协同执行任务。这位MiTT军官拿出了他的作战地图，简要地向我们介绍了他这次巡逻的路线安排。他在地图上标出了一条蜿蜒的路线，这条路线穿过危险的城市街道，从拉马迪中南部到了东部美军的另一座前哨站"鹰巢"，近两公里路程，途经伊拉克境内最危险的地段，那里被一支野心勃勃且残忍凶猛的敌军所占据。我们英勇的清理队并没有清理过那里的道路，因此，无疑，这一条路线上有无数的爆炸装置在等候着这支部队。也就是说，如果他和他这支伊拉克部队（现在也包括我们海豹突击队在内）受到了牵制，美军装甲车队和火力便无法按照这位军官的既定路线完成巡逻任务，而且车队所受的风险极大。除此之外，他既定的这条路线经过的地区是由不同的战队所有的，包括两支美陆军连队，还有另一个营以及一支海军陆战队连队。每支部队的标准程序都不一样，并且是在独立的无线电网络上操控的，那就意味着开始行动之前要跟所有这些部队取得合作，一旦有什么意外，可以做出相应的计划来应对。伊拉克夏天的温度高达115华氏度，这么热的天气里，我们需要带大量的水，再加上深入敌区所需的大量武器装备，常人真的无法再承受这么多负重。就算是在相对平稳安定的环境下，这位MiTT军官提出的穿越由不同部队占领的战区的计划也是相当复杂的。在拉马迪最乱的地带——也是伊拉克最危险的地区——完成这个任务，这个念头真是疯狂。他们在这里很可能与敌军交火，而且死伤会很惨重。

听了他的这个计划，明白了整个计划及其复杂性之后，我最终说道："中尉，我很佩服你坚持这么做的决心。但是也许——至少是这最初几次的巡逻——我们应该把这个计划再简化一下。"

"简化？"这名军官不可置信地问道，"我们只是巡逻而已。这能有多复杂？"

我很赞同地点了点头，"我知道你们只是去巡逻，但是，这里的环境很复杂，巡逻的时候随时可能遇到危险。"

"我这些伊拉克士兵可都是接受过训练的，而且什么训练都有。"他很自信地回应道。

　　　　　　　　　　　　　　　　　　　　极限控制

我明白，他这么过度自信，如果没有在这样险恶的环境里执行过任务，他很难明白这里的复杂程度。

"我知道你的部队接受过良好的训练，可以肯定，他们是一支优秀的部队。"我说，但我明白，他们可能没有一起经历过大火战，"但是，我们来看看这里的环境：你规划的这条路线会让你面对三支独立的战场部队——两支陆军部队和一支海军陆战队。众所周知，你们进入的区域内有很多爆炸装置，那就意味着，在那里设临时医疗点或者用坦克运送军火都有很大的风险，你们可能根本没法接受医疗或是火力支援。尽管你跟这些伊拉克部队经常合作，但我们海豹突击队可从没跟他们合作过。因此，你认为，至少这第一次巡逻，我们要不要减少行进的距离，使整个巡逻范围都在这支'勇士'战队所控制的范围内呢？"

"那才几百米远的路程。"这位军官反驳道。

"我知道，"我说，"我明白这个行程很短，但我们开始的时候简短一点，以后有了经验可以再慢慢拉长距离。"我明白，对这位军官来说，在这里执行一次真实的任务就能让他明白，简单才是最重要的。经过更深入的沟通之后，这位军官同意走更短的路线。

很快，这位MiTT军官及其率领的伊拉克部队，和一小支海豹突击队分遣队集合将按作战命令出发（简写为OPORD，就是向所有参与的部队成员解释了这次任务的详细内容）。这是这支伊拉克部队首次在拉马迪执行任务，尽管听说了那些迫击炮击伤了几位美军战士，也不时能听到从后方传来的枪炮声，但他们似乎都没怎么在意，那位MiTT军官也没有把这些放在心上，还有海豹突击队战队的将领，也没有在意，大家似乎都对这次任务漫不经心。我知道，遭遇敌军是极有可能的——纵然不是马上会遇到，也总会遇到的。

　　听过了简介之后，他们分别开始做最后的准备：取水，检查武器装备，再次听取了一些特别的指令。我走了进去，再次跟海豹突击队分遣队年轻的队长确认了一下路线，标出了一些标志物，如容易辨认的房屋、特定的交叉路口、水塔和清真寺的尖塔等，这些都可以做参照物。我们还要查看作战地图和卫星影像图（如谷歌地图），这些图上有许多代表着拉马迪城这个区域内所有建筑物的数字。这位队长和我仔细察看了代表着这一区域内所有房屋的数字，这样，如果需要的话，我们可以更好地确定这支巡逻队和敌军的位置。

　　随后，这支联合部队集合，并开始巡逻。我已经要求立夫他们那一队海豹突击队员们配合掩护了，他们的狙击掩护队正驻扎在距"猎鹰"前哨站约300米外的一栋四层楼房里。他们的狙击火力、机枪、榴弹都很精准，而且占据了优势位置，他们能够有效地掩护这支伊拉克部队在街道上的巡逻，这也能降低遭受敌人袭击的风险。我仔细观察着这支即将出发的部队的情绪，最后，我走到了年轻的海豹突击队队长面前，看着他的眼睛，说："你马上率领他们出发，要快，要提高警惕。明白了吗？"

这名年轻的海豹突击队军官被我严厉的语气所打动，慢慢地点了点头，回应道："明白了，长官。我会做到的。"

听到这话，我返回去，看着他们走出"猎鹰"前哨站大门，走上街道，进入了敌占区。我很好奇敌人要多久才发起袭击，于是，连队刚一出发，我就按下了秒表的"开始"键计时。这是联军数月来，也许是数年来第一次进入拉马迪中南部这一地带。"猛士"支队德尔塔野战排就在城市东部的附近区域内执行任务，近两个月来，他们每次任务几乎都受到了敌军的袭击。

我调了一下"猎鹰"前哨站的无线电设备，追踪巡逻队的行踪。很快，我就听到了枪声响彻城市街道的声响。

"哒哒哒哒哒哒哒"，这是近处敌军的AK-47发出的声响。

"噗噗噗噗噗噗噗噗噗噗噗"，一名海豹突击队的机枪手用武器回击着。很快，数十名士兵也加入了枪战之中，我肯定，这是我所率的海豹突击队员们。枪战开始的时候，再没有其他部队在了。我看了看表，这时候，巡逻队离开"猎鹰"前哨站已经12分钟了。

我在前哨站里接到了无线电呼叫。现在，信号一片混乱，由于城里的房屋都有厚厚的钢墙，无线电波传送有时候会受到影响。枪战仍然在继续，这真是一场混战，敌我双方枪炮不断。信号更差了。我辨认出了那名海豹突击队军官的声音，不过听不清他在说什么。而立夫由于在高处，与我们双方都有直接的联系，因此，地面巡逻队的年轻的海豹突击队军官和我之间的无线电通话都没有什么太大的影响。立夫收到了巡逻队更新的位置信息，并冷静而清晰地告诉了我，根本没有顾及周围的一片混乱，就像我们所受的训练时那样。他告诉我，巡逻队藏在那栋房子里，有两名友军受伤，以及他们与敌军交火时所驻扎的房屋。

为了尽快让坦克和急救车过去帮助巡逻队，我需要直接与巡逻队的海豹突击队军官取得联系，确定那边的情况。我飞快地跑到"猎鹰"前哨站最大房子的顶楼，站好了，拉长了我的无线电设备的天线，以求收到更好的信号。

我调整了无线电设备，试图联系巡逻队："红牛①，我是约克。"

"说吧，约克。"与巡逻队一起的海豹突击队军官平静地回应道。现在，我们终于直接联系上了。

"你那边情况怎样？"我问道。

"两名士兵受伤。需要医疗急救和火力支援。"他回应道。他的这个回答就跟我们所受的教导一样：简单、清楚地概括所需要的信息。

"明白了。报告你的位置。"我说。

"J51②号建筑物。"他回答。

"你们所有人都在J51吗？"我问。

....

① 红牛：我们在那次任务时的呼叫代号。
② J51，代表朱丽叶51号。

"是的，所有友军都在J51。"他回答。

"明白了。坦克和救护车马上就到。"我告诉他。

我迅速跑到一楼，进入了临时战术作战中心，"勇士"连的连长正在这里等着要他派遣部队和坦克出去的命令。

"那边情况怎样，长官？"连长问道，"他们需要什么？"

我很平静地将主要的信息告诉了他："他们需要火力支援和急救，位置在朱丽叶51号建筑，有两人受伤。"我走到墙边巨大的战地地图前，手指着图上51号房的位置，"就是这里。"我说着，确保大家都明白。

"明白了，长官。"这名连长说，"我会率一支坦克队①和一辆113装甲运兵车②去J51号建筑物。所有友军都驻扎在那里，有两名战士受伤。"

"是的。"我回应道，以确认他明白了所听到的所有内容。

....

① 坦克队：两辆配有重武器的M1A2艾布拉姆斯主战坦克。
② 113装甲运兵车是用来疏散伤员的。

很快，他就跑向了外面，简单向他的部下做了命令，并自行组织好了部队。他和他的部下会英勇穿越危险的布满简易爆炸装置的街道，靠近正受敌人攻击的海豹突击队员们和美伊联军，并试图挽救因遇袭而受伤的士兵。

同时，立夫那边的海豹突击队狙击手们和机枪手们在加入战斗时也遭遇了敌人攻击，敌军出其不意地偷偷朝聚集在临时据点的巡逻队逼去，我们海豹突击队威力十足的狙击步枪也瞄准了敌人。敌军的武力集中袭击巡逻队，我们防守点的海豹突击队机枪手们也加入了战斗，火力齐开，回击敌军。

几分钟内，"勇士"连队的坦克和M113装甲运兵车便抵达了J51号建筑物。一见到坦克队，大部分敌军迅速隐藏好武器，混迹在普通民众之中，再也找不着踪迹。伤员撤了回来——过街时有一名伊拉克士兵受伤，之前伊拉克部队过去掩护的时候，另有一位伊拉克士兵也受了伤，但他们被同伴遗弃在街头没人管。幸运的是，两名年轻的海豹突击队员冒险跑回了街道上，在敌人的猛攻之下安全地将他们带回了安全地带。一名伊拉克士兵活了下来，而另一名却不幸因伤而亡。在坦克部队重火力的掩护下，巡逻队其他人离开了J51号建筑，组成了纵队，分别乘坐两辆坦克，一前一后，就像是"二战"的场景一样，他们一起回到了

第六章　一切从简

131

"猎鹰"前哨站。"勇士"连队在后面掩护，一名携带RPG-7榴弹的暴恐武装分子潜入在一个角落里，试图给巡逻队致命一击。然而，他还没来得及动手，"勇士"连队的长官坐在坦克的炮塔里，用坦克上的机枪给了他一发0.50口径的枪子儿。

巡逻队回到了"猎鹰"前哨站，进入院子里的时候，我出去迎接他们。我跟队伍之中的年轻的海豹突击队将领对视了一眼，朝他赞许地点点头，没有说话，意思是说：你们干得不错，你很镇定，你的呼叫也表达得很清楚。你得到了需要的帮助，并使你的部队安全返回了。这名将领也点点头以示回应：他明白了。

显然，那名MiTT军官非常震惊。这是他第一次经历残酷的大战——作为将领，这是他的第一次考验。幸运的是，有我们海豹突击队帮他保护了他的部队的安全。同样庆幸的是，他同意简化这次任务，降低了可能会出现的不可控制的意外的发生率。如果这次战斗发生在他最初确定的路线上——那里深入敌区，远离"猎鹰"前哨站，而且那里的部队使用的是不同的无线电频率，且有不同的作战方案——那结果可能不堪设想。如果他们让情况更加恶化，这位MiTT军官和他所有的伊拉克部下很快就会被敌军杀害。

我也朝这位MiTT军官点了点头，不过这次的含义与之前跟海豹突击队将领的含义不同。这次点头的含义是：这就是我们要简化任务的理由。这名军官回看了我一眼。他什么也没说，不过他的眼神已经说明了一切：现在，我明白了，我理解了。

原则

跟生活中的其他事物一样，战争也有其固有的复杂性，尽可能简化才是取得成功的关键。如果战略计划太过复杂，将士们可能不能理解。一旦出现了异常——当然会出现异常的——异常的情况可以使问题从失去控制最终恶化成灾难。

我们传达命令或战略计划时，必须要简洁而清晰。任务中的每个人都应该明确自己的职责，明白一旦出现意外，自己应该怎么做。你自己感觉信息或命令传达的情况如何，不重要，如果接收信息的人不明白，你就没有把一切都简单明了地说出来，就会失败。你必须确保任何一个人，包括你自己都明白清楚你所传达的信息。

还有一点也很重要，前线士兵不明白需要完成的任务时，要让他们主动提问。长官必须鼓励他们提问，并花时间向他们解释，让他们明白为什么要那样做。

简化：这一原则并不仅限于战场上使用。职场乃至生活中，都有其复杂之处。关键是，战略要简单，传递信息的时候要简洁明了。无论从事哪一行业，遵循这一原则都是成功的必要条件。

第七章 合理安排

立夫·巴宾

//

伊拉克拉马迪中南部：混战

一整天，我们所在的位置不断传来机枪的声响，震动了房屋的窗口和墙壁，每一次枪响都像是有人拼尽全力用大锤敲打出来的一样。有一些枪弹是穿甲弹，在低矮的钢墙上打出了圆圆的弹孔。在敌人精准的攻击之下，我们这一支队的所有人，与简易爆炸装置处理人员和伊拉克将士们能做的只有躺倒在地，确保自己的脑袋不会掉落。子弹从我们头顶掠过，到处落满了玻璃碎碴和混凝土碎片。

"该死的！这些杂种枪法真不赖！"一名海豹突击队接线员大叫着，一边尽可能地贴近地面。我们只好对着这窘境苦笑。

敌军朝我们连续投了三四颗RPG-7榴弹，冲击波震得房子外墙摇摇晃晃。我们缩在房子里，避开了震撼力十足的炸药，致命的子母弹嵌进墙里足有一英尺（约为30.48厘米）左右。一枚RPG-7榴弹打偏了方向，冲到房屋上方，划过无云却模糊不清的伊拉克夏日天空，就像是美国独立日时放的礼花弹一样。如果有一枚榴弹击中了窗子，炽热的金属片就会扎到房间里的所有人。

尽管遭遇到猛攻，我们还是驻扎在四层的大公寓楼里。敌人的攻击减弱之后，我们海豹突击队的狙击手开始全力回击。全副武装的敌军试图从街对面发起攻击时，我们海豹突击队的狙击手精确瞄准了他们，造成10名敌军将士死亡，还有更多伤亡待定。

作为部队将领，为整支部队负责，我将公寓每层的每一个房间都走了个遍，核查人数，确保我们的人没有受伤。收集好了军事情报之后，我将战场的情况通过无线电告知了远处一个前哨站里的美军战术行动中心。

"你们那边都好吗？"我问道，进入了一个房间，房间里，海豹突击队的狙击手和机枪手都守卫在那里，其他人则在休息。

"还不错。"对方回应道。

我去了另一个房间向海豹突击队的连长报告情况。正在这时，敌人的炮火袭来，距离这名连长只差分毫，他正好贴上了墙壁的角落里。他大笑着朝我竖起了拇指：没被打着。机枪手们进来准备作战，我们命令他们对准敌军，于是，他们很快便组成了一道防线。

　　我们的机枪手瑞安·雅布，用机枪精准地打击着敌人，他英勇地站在窗口回击敌人，朝他们的方向开了三到五枪。一小支武装好了的敌人试图以羊圈做掩护，偷偷靠近我们。不过，他们还没靠近，瑞安便朝他们开火攻击了。交战中，羊圈中的羊有伤亡。

　　"该死！"我对他说，"那些羊死了。"

　　"哈哈！那都是那些暴恐分子的羊。"瑞安大笑道。

　　连长在一扇门后发现了有敌军正瞄准我们这里，于是，我便朝他们投了几枚40mm烈性榴弹。轰隆隆隆！一枚榴弹正好落在对方的门口，发出猛烈的爆炸声，这足以让他们消停一会儿了。

　　那天清晨天亮之前，响彻整个拉马迪中南部的清真寺的喇叭出声之前，我们查理野战排的海豹突击队小分队，我们的简易爆炸装置处理专家们（我们这一队里的大部分人都会清理爆炸装置），一名翻译和伊拉克部队已经在夜色的掩护下在满目疮痍的街道上步行巡逻过了。按我们将军的说法，我们已经采用了"蛙人式突击"（BTF）的战术。"蛙人式突击"是我们查理野战排对巡逻突击的非官方专用名称。蛙人需要耗费无限体能，冒着巨大的风险，深入敌区。我们明白，那就意味着我们将要经历一场枪战——连长称之为"大混战"。我们这些任务的过程，用将军的话说就是："蛙人式突击，大混战，撤离战场。"然后，我们回到基地，去食堂饱餐一顿。

天还没亮，我们就从"猎鹰"前哨站出发，进入了城区，这里密密麻麻地排着双层的楼房，连着的院墙，以及沉重的金属制大门。我们带着沉重的武器和大量的弹药徒步行走了约1.5公里，进入了拉马迪另一片暴动的敌占区，这里由一支残忍的暴恐武装势力长期占据。从城市东部扫荡到西部，敌军最终选择在城市中心地带的这一肮脏的区域驻扎下来。我们则驻扎在这条街上的一栋房子里，这栋房子紧邻一座清真寺，寺院的喇叭里总是传来召集这一区域内全副武装的"圣战"将士的命令。

仅仅几天前，就在这条街上，一大帮敌军袭击了一小队美国海军部队，一直猛攻了数小时，美军才疏散了伤员。两周前，往南部半个街区外的那条街道上，一个爆炸装置一声巨响，一支重武力装备的美军清理车队被炸毁，数十辆美军坦克和装甲车在城市的这一区域被毁掉。拉马迪的"战车墓地"成了这些废物的最终栖息地。只有那些黑不溜秋的残骸、扭曲的金属片提醒着人们，这里的街道上发生过爆炸，造成了许多人死伤。

我们之所以选择这栋房子，是因为这里的视角很好。最重要的是，这里正在敌军的后院里。过去，暴恐武装分子们在这里很安全，而且来去自由。而此刻，敌军的机枪和RPG-7榴弹不断朝这里袭来，这就证明了他们根本不欢迎我们。这回，真的遇上"大混战"了。

我们搅乱了敌军的巢穴，不过这也正是我们的职责所在。我们的计划就是，出现在敌人最意料不到的地方，严重扰乱他们的计划，尽可能地杀掉他们，削弱他们攻击附近美国陆海军前哨站的能力。我们要让他们知道，他们不可能在这里安享太平了，这个区域不再属于他们。

深入敌区的风险很大。尽管距我们最近的前哨站不到1.5公里，但爆炸的威胁加上敌人重武力相逼，就算我们有办法求救，也很难得到坦克队和装甲车队的支援。如果我们求救，我们也知道我们的同胞一定会奋力赶来，但我们也明白，这样他们的风险也不小。这是我们从驻守在这座城市里的主要道路是的美海军部队那里学来的策略：除非急需，不然我们会一直驻守在原地；除非受了严重的攻击，非常需要，不然，我们不会请求战车队和支援部队来冒险帮忙。

　　我们战队现在所占据的房子是个战略要地。这栋房子比附近其他房子高，因此视角很不错，而它厚厚的混凝土墙在一定程度上阻隔了敌人对我们的攻击。问题只有一个：这栋房子只有二楼有个出入口——一段窄窄的楼梯直通街道。如果不暴露自己，再没有别的方法可以把守住这个出入口，查看街道上的情况。这就意味着，敌人很可能在这个出口处布置简易爆炸装置，我们一出门，就引爆。我们已经听说过，我们抵达这里之前，海军某狙击队和美军其他部队就在这里遭遇了爆炸装置的袭击。为了还击，连长和我决定，在街对面再占领一栋房子，以便看守住这边的出入口。但是，我们人手不够。然而，我们却没有别的选择，我们不得不接受现实。为了减少简易爆炸装置出现在门口的风险，专家们仔细研究了这个出口附近区域，计划来一次全面清理，以防我们当晚离开之前那里可能会发生的爆炸。

　　白天，敌人的火力仍然时断时续，攻击很猛烈。敌人从不同

　　　　　　　　　　　　　　　　　极限控制

方向发起攻击，海豹突击队的狙击手们奋力反击，杀死了很多敌军将士。我们海豹突击队机枪手们的反击也很猛，其他人则用轻型反装甲火箭弹和40mm榴弹朝混凝土墙壁后的敌人发起反击，就连那些伊拉克士兵，尤其是那些自卫性很强的人，也用他们的AK-47和带弹药袋的机枪加入了战斗之中。白天即将结束，太阳快要落山的时候，敌人的袭击也减弱了而后枪炮声也减弱而后平息了。夜幕中，拉马迪出奇地平静，只有晚祷的钟声回荡在遍布灰尘的屋顶。

我们海豹突击队战队和伊拉克部队整理好行装，准备离开了。想到我们这个通往街道的出口的弱点，我们的爆炸物处理专家马上开始了工作。他们戴着夜视眼镜，查看着二楼的阳台，以及出口附近的区域和街道，街道上满是垃圾，坑坑洼洼的，有些地方还有之前的爆炸所留下的弹坑。然而，还是有什么不对劲，这里看起来与清晨天亮前查看的情况不太一样。房子的墙边，距离出口仅几英尺远的地方一个并不起眼的地方盖上了一块塑料布，布的下层边缘处露出了一个小小的、光滑的银色圆柱体。

"看起来很可疑。"我的爆炸物处理专家告诉我。这真是个不好的消息，因为这个通往街道的楼梯是我们离开这里唯一简单的途径。

我叫了连长、我们的士官长官和我们战队的中级军官来开会。"我们要想其他办法离开这里。"我说。这个任务可不简单。

二楼离街道有近20英尺的高度，而我们又没有绳索。带着所有武器装备往下跳无疑会受重伤，而那条街道至少有一处爆炸装置。我们认为，肯定还有更多的爆炸装置。

有人提议，像卡通片里犯人越狱那样："我们将床单绑在一起，从三楼的窗口爬到附近那一栋的楼顶，怎么样？"这个主意真的很不靠谱，但在当时那种情况下，我们却不得不认真考虑。

二楼只有一面墙是全混凝土，没有门窗或任何开口。我们显然无法翻过或跨过这道墙，但我们可以穿过去。

"看起来又要大行动了。"士官说。这意味着我们要接受一项极耗体能的挑战。然而，查理野战排很以完成如此艰难的任务为傲。"我们去准备大锤！"

我们总是携带着大锤，以便在必要的时候用它帮我们穿过上了锁的门窗。士官找来了大锤，并开始狠狠地砸墙，每次都会传来震耳欲聋的敲击声。他和海豹突击队其他成员轮流砸墙。这过

　　　　　　　　　　　　　　　　　　　极限控制

程很慢，而且令人腰酸背痛，很不舒服。这个洞要够大，足以让我们背着帆布包和沉重武器装备的人穿过去，到达下一栋单层房屋的屋顶。

与此同时，我们的爆炸军械处理专家们继续处理我们门口的简易爆炸装置。经过仔细检查，他们发现了2枚130mm榴弹的抛射器，鼻锥体装满了塞姆汀塑胶炸药。如果他们没有发现，而我们不小心引爆了它，那么，这强劲有力的炸药会让我们损失一半人马。我们可不能把它留在这里，让它伤害美陆海军其他将士和无辜的伊拉克平民。因此，专家们用这装置里的药引点燃了它，让它自行毁灭。准备好了之后，专家们报告了我，等待"引爆"的命令，点燃定时导火索，引起爆炸。

经过整整20分钟的锤打，终于，那名士官和海豹突击队员们在混凝土墙上砸出了一个洞。他们累得气喘吁吁，大汗淋漓，但是，这个出口却能让我们避开爆炸装置的威胁。

大家都重新检查了自己的装备，以确保没有丢下任何东西，然后，我们排队站到洞口，准备离开。

"准备突围。"我掏出队里的无线电设备，向背着背包的海豹突击队员和伊拉克部队说道，"引爆。"我命令等待着的爆炸物处理专家。一枚一点便开始冒烟，而另一枚正在倒计时等待爆炸。我们现在只有几分钟的时间撤离，这次显然是相当猛烈的爆炸。我们很快就钻出了那个洞，跳上了附近另一栋房子的平屋顶。枪手们分散开来，巡查着附近所有可能出现的威胁，武器指向了我们周围更高的建筑物黑漆漆的窗口和屋顶。从战略位置上来说，这里真是个糟糕的地方：这个屋顶完全裸露在外，没有任何遮挡，而周围的房屋都比它高，一整天的交火下来，这里已经成了敌人后院的正中心。

"我们需要清点人数，以确保大家都在。"我对士官说道。他已经做好了准备，并开始计数了。突然，一名在我前面，一直沿着屋顶在行动的海豹突击队员从屋顶摔了下来，发出了巨大的"啪嗒"声。

真该死！我想，这时，我正在他身后。真奇怪！黑暗中看着像是屋檐边的地方实际上是一块布满了灰尘的塑料布。一瞬间，大家都惊慌不已。

躺在地上的海豹突击队员痛苦地呻吟着。我们都很关心他，试图通过无线电设备跟他说话。

"嘿，伙计，你还好吗？"我问道。他却没有回应。我们屋顶上的海豹突击队员们试图找到方法接近他，然而，通往屋顶的唯一通道的铁栅栏门紧锁着，我们根本无法出去。

这真是糟糕。我们暴露在没有遮挡的屋顶，周围的建筑物都比我们所处的位置要高，而这里又是极度危险的敌占区中心地带，这个处境真是危机四伏。这里的敌人武装甚众，来去自由，白天一直在袭击我们，所以也清楚我们的位置。更糟糕的是，那枚定时炸弹的时钟不停地滴滴答答，提醒着我们随时都可能被炸成碎片。而我们还不确定，所有人已经离开了那栋房子。而且，我们的一名海豹突击队员无助地独自躺倒在拉马迪最危险的街道上，无力自卫，我们也无法靠近他。他的脖子或是背部一定摔伤了，颅骨可能有骨折。但如果不破开那张紧锁的铁门，我们无法下到街道上帮忙。现在，所有的压力都压在了我头上。就算是再能干的将领，现在这样也够窘迫的了。我们怎么能迅速解决这么多问题呢？

安排好事情的先后顺序，然后再一项项地完成。就算是最伟大的战场将领，也不可能不被这一连串的挑战和危机所压倒，那就意味着让大家一起冒险。我必须保持冷静，不要太过激动，决定我们接下来第一步该怎么办。一旦大家都开始为第一步的目标努力，我才能去决定第二个目标，大家继续努力，才能完成第三个目标。我不能让自己被打倒。我必须冷静，查看情况，然后求救。这就是安排管理的全部精髓所在。

　　经过前一年无数次的强压训练，我们战队已经排演过各种复杂多变的场景了。那种训练意在击垮我们，让我们难受，逼迫我们在强压力之下做出重大的决定。在这种乱糟糟的情况下，而且前途未卜，我们必须从容面对，确定情况，做出决定，并及时求救。我们已经学会了安排管理的技能，大部分人都不明白这个过程，不过重复训练之后，我们都很容易回想起来。

　　此刻，我们的最高目标很明确，就是安全离开这里，我只是简单下达了命令："保障安全！"尽管我跟战队里的其他人一样，也非常希望能救助那位无助地躺在街头的伤员同伴，但要达成这个愿望，我们必须先占据战略要地，确保自己的安全。周围危机四伏，我们需要战士们准备好武器来掩护这些暴露在屋顶的同伴，还有仍然留在原来那栋房子里的海豹突击队队员们和其他战友，以及大街上那名无助的伤员。

　　连长很快就穿过了墙洞，跳上了这边的屋顶。"给我带一些枪过来！"他喊道。
　　几分钟之内，我们有了武器，机枪手们留在了主要的掩护地带，建立起了安全区。

接下来，是我们的第二个目标：想办法让大家离开屋顶，去我们的伤员身边。为了达到这个目的，屋顶上的人需要破开那张紧锁的铁门，顺着门外的楼梯下到街上。我们所有人都因训练而有了安排管理的原则：大家一起解决问题，在我的简单命令下，推测出目前最重要的事务并努力完成，接着完成以后的任务。屋顶上能看见那扇大门的海豹突击队员们未等到命令就完成了任务。只简单说一声"开门"，马上就有人过去把大门破开。

第三个目标：清点人数，确保所有人都离开了那栋房子，与爆炸点保持着安全的距离。

"清点人数。"我命令士官。尽管周围一片混乱，士官还是很冷静，很专注地清点了人数，确保所有人都在。

几分钟内，他便报告说："我们都在。"大家都从那边出来了，也包括那名躺在街上的士兵。这个消息很鼓舞人心。

不到一分钟，我们就破开了那张紧锁的门。现在，我们都可以接近伤员了，我们都能够离开那个裸露的屋顶了。如果我们此时受到了袭击，没有掩护，我们的伤亡会很惨重。

"我们走吧。"我催促道，因为我们连长也开始指挥枪手们举起武器，掩护其他人去街上。其他枪手冲到街上，武器对准各个方向，形成了一个安全区。另一些人则去掩护伤员。这样，我们整队都从楼梯上下来，到了街道上。下来之后，我们迅速撤到了远离爆炸区的安全地带。我们只简单停留了一下并清点人数，以确保大家都在。作战队的将领们报告给班长们，班长们又报告给士官，士官又报告给我："我们都在。"我们离开那栋房子不过几分钟，所有人便都已撤离到安全地带。

轰隆隆隆隆！大大的火球照亮了夜空，炸药巨大的冲击力使整个城市下了一场烟尘雨。

是专家的定时引爆点燃了炸弹，正好是他在秒表上确定的时间。那些简易爆炸装置很危险——有些甚至是致命的，然而，感谢上帝，美军和伊拉克部队都不会因为刚刚那枚炸弹而死伤。幸运的是，那名从屋顶摔落的海豹突击队员因为背着背包着地，减少了落地时的撞击力，他被爆炸声吵醒，只是手肘部有撕裂的伤口，其他都还好。我们回到基地后，医生们给他缝合了几针，下一次任务时，他便又随我们出征了。

　　　　　　　　　　　　　　　　　　　　极限控制

原则

在战场上，无数的问题会形成滚雪球的效应，越滚越大，每一个问题都有其独有的复杂性，每一个问题都值得关注。但是我们必须保持冷静，根据情况做出最佳的选择。为此，海豹突击队使用的是安排管理的原则。我们是这样向队员传授这一原则的："冷静，查看情况，求救。"

问题太过复杂，或者一时的任务太多，就算最有战斗力的老兵都会被压垮。那么，执行任务的时候，整个部队都很可能遭遇失败。我们必须找出最首要的任务，并努力完成。如果觉得手足无措，就遵循这一原则：安排管理。

复杂的问题和高压力、高风险的环境并不是战场上独有的。生活中的方方面面，尤其是职场上都会遇到棘手的问题和环境。商业决策可能无关生死，但是我们同样面临着巨大的压力。团队、部门、整个公司的成败关系着投资者的金融资本，以及个人的生存。这些压力使人紧张不已，而且通常关乎着需要马上完成的任务。我们要做这样的决定可真是倍感压力。

帮助我们在压力重重的状况下施行安排管理原则的最有效方式就是提前处理问题。谨慎地做出应急计划之后，我们便能预想到完成任务时可能遇到的问题，并提出相应的有效解决方案。这样，我们就更接近成功。

提前应对可以减轻我们的压力，并使我们更果断。若部队明白了应该如何应对紧急情况，一旦出现问题，他们便能马上解决，甚至可以不需要长官的指挥。任何行业中，高效能、常胜的人士都有这个特点。这也能促使我们将遇到的问题分散开，不再集中在某一个人身上（具体内容见第8章）。

就跟在战场上一样，优先处理的顺序是可以更换的。如果需要更换，那么关键是要迅速让相关的人都明白。我们必须当心，不能只关注某一个目标，以防当最首要的任务更换的时候，却没有留意其他。当首要的任务发生改变时，必须命令相关人等马上跟着改变自己的努力目标，以尽快适应变幻莫测的战场。

任何行业里，要施行安排管理的原则，我们必须做到：
决定首要处理的问题；
简单明了地将首要问题通告相关部门、相关的人；
制订解决问题的方案，寻求关键人士以及团队的协助；

极限控制

利用可用的资源解决问题；

然后转向下一个"首要的问题"，不断重复；

当首要任务发生更改时，要及时将情况通告所有人；

不要只关注手中的任务，看不到由此而引起的其他问题和情况。

第八章　分散权力

约克·威林克

/////////////////////////////////////

伊拉克拉马迪中南部：推算定位

"我们在一栋房子的房顶遭遇了敌人袭击，看起来像狙击兵。"无线电设备里传出这样的消息。传话的美军士兵声音很紧张急迫，看来这个消息准确度很高。

这个消息给在无线网络上的所有人以沉重打击，敌军的狙击部队可是相当厉害的。虽然敌军的技能、所接受的训练以及配备的装备都不如我们自己的狙击队，但他们之中显然有一些枪法高超的神枪手，杀伤力极强，精准的枪法造成美伊联军的大量死伤。

我们"猛士"支队两支小分队，正和刚抵达那一区域的美国陆军部队跟敌军交火。我要指挥30多位海豹突击队员和伊拉克盟军部队，我只能运用分散指挥的原则来做。这是唯一可行的办法。

在战场上，我希望我的下级将领们只做一件事：引导、指挥。因为我已经训练和培养过他们，教过他们如何做指挥——包括立夫和他的海豹突击队将领同伴们、他们的连长以及高级士官们，我相信，他们对自己所处境况的评估以及他们所做出的决定都是经过深思熟虑的，相信他们所运用的战略都是得当适宜的，并且最终能引导我们的部队取胜。我们在拉马迪驻扎数月，他们一次又一次地证实了我的信任是值得的。立夫和我部下的其他将领曾面临过非常糟糕的境况：敌军炮火不断，我军奋起反击，一片混乱，最糟糕的是，我们海豹突击队兄弟们的伤亡令我们痛苦万分。每一次，他们都英勇果敢，在信息不通的情况下快速做出至关重要的战略部署，引领着大家突破重围。我很信任他们。

他们之所以能得到信任，是因为正式作战之前，他们接受过训练，训练中，他们也犯过错，也从中汲取了教训，而我密切关注着他们的成长，将我在海豹突击队15年里所学到的领导能力原则教给了他们。在海豹突击队，他们都还资历不深，但幸运的是，他们都乐于学习，勇于指挥，最重要的是，他们都很谦虚，并且很有自信。

极限控制

然而，在拉马迪，我不能再专注于给他们做指导。如果我专心于此的话，那我的职责便无人承担了，我不得不将领导的职责交给他们。看着他们在我们的训练课程中逐渐成长为沉着冷静、自信的将领，我明白，查理野战排的立夫和德尔塔战队的连长会做出恰当的战略部署。我知道，他们会确保自己部下的将领们做出的决策是正确的。在战场上，我听任他们自己为行动做部署。

将决策权交给战队里在前线冲锋陷阵的将领是我们取得成功的关键所在。作为主将，分散指挥权这一原则能让我关心大局：与友军协作，监视敌军动向。如果我太过关心某个小问题，那么，没人能来代替我管理全局。

正确地理解并运用分散管理权的原则需要花费大量的时间和精力。对任何将领而言，将全部的信任交付给经验不如自己的下级，并任他们自己指挥自己的战队，这是很难做到的。这需要主将对部下的绝对信任，而部下也必须完全理解大局需要，确保自己所做的决策能帮助达成主要目标。前线的将领们也必须完全信任自己的部下，放手让他们自己做决策，而他们的部下也会对这样的信任给予回馈。

"猛士"支队并不是自然而然地领会分散管理权原则的，而是抵达伊拉克之前，在艰苦的训练和准备过程中逐渐领悟的。在肯塔基诺克斯堡的城区军事行动训练中，我们已经汲取了最为珍贵的经验教训。在那极端艰苦的训练之中，我们已经学会了，在最糟糕的情况之下，要如何有效地运用这一原则。

这次任务的所在地是空心砖结构的模拟密集型城区，房子有单间房，也有结构复杂的多层房屋，都是部队在城市作战时所遇到的挑战——正好也是美军驻扎在伊拉克时所见的那样。海豹突击队训练支队(这是我后来领导的支队)被分派与海豹突击队预备队和特混分队去伊拉克和阿富汗作战，我们知道，它们会让我们饱受磨难和考验。训练支队的教官设置了训练场景迷惑参与作战的海豹突击队员，从体能和心理上给予他们压力，尤其是海豹突击队的军官们。这位教官总是谎话连篇，总是吸我们的泥（这是我们海豹突击队对暗算或是突袭的专称）。在训练时，他们总是扮演"敌军"的角色，不会遵守训练的规则。有些海豹突击队队员们对此很不满意，他们认为这种训练毫无挑战性，并将这些教官当成骗子。

我可不这么看。我们在伊拉克遭遇的敌人可不讲规则，他们可不管什么附带性破坏力，也不管是不是自相残杀。他们很残忍，他们行动的原则就是用最惨无人寰且有效的方式来杀害我们。因此，我们确实需要训练教官也这样对待我们。

"猛士"特混支队刚开始训练的那几天，我部下的海豹突击队将领们试图自己掌控一切。他们试图掌控一切，经手所有的战略部署，并试图管理到部队中的每一个人——猛士支队一共有35人。然而，他们管不过来。令人惊讶的是，史上所有的军队都要靠经历才能理解，没有人有那个才能和体能来如此掌控复杂多变的战场。相反，我的将领们都明白，他们需要靠他们部下的将领们去管理大部队里的小分队，并让他们充分理解主将的意图，然后按这个意图和自己分队的标准程序行事。这就是有效地分散管理权的方法。

因此，我们分成了几个小组，每组4到6个人，这是一个将领能控制的人数范畴。每位战队将领不用担心要掌管部下的全部16人，只要管3个就行了：两名班长和一名连长。每个连长和士官首领只要掌管他们火力部队的将领，而每位火力部队的将领负责4位枪手。而我只要负责两位连长就行了。

每一位将领都能够自主领导自己的部队去完成任务。那些中级将领明白，他们可以自己做决策，他们不会问："我要怎么做？"而是要声明："我将要这样做。"我确保让所有部将都明白整个任务所要达成的大目标，而每一位将领则按自己的方式领导部下，齐心协力地为大目标而努力，就算是最糟糕的局面，也能轻易化解。

"猛士"支队抵达伊拉克拉马迪后，分散管理权的原则对我们的成功起到了关键性的作用。我们参与了多次大型战役，由于盟军在敌占区建立了多个据点，几乎每次深入拉马迪据点的行动我们都运用了这一原则。

抵达拉马迪数月之后，我们就参与了一次最大规模的战役。参与作战的包括两支不同的美陆军营，每营数百名将士，一支美海军部队，地面近100辆装甲车，空中还有美空军部队。这么多部队大部分用的不是相同的交流网络，这更增加了战役的复杂性和风险性。

我们海豹突击队的狙击队将深入战区，占领战场上视角最佳的高地，"猛士"支队便能密切观测敌军的动向，保护地面的美军部队。但是，所有这些行动都可能引起混乱。我的任务就是协调我们查理野战排和德尔塔野战排的海豹突击队狙击分队们，以及美国陆海军部队之间的行动。

这次行动的地带是一条南北向的主要道路，这条道路位于两个暴动地带之间，东部是战伤累累的马拉布区，西部则是J街区，美军意图驻扎在拉马迪中部同样暴动的这一区域。在马拉布区，"猛士"支队遭遇了驻扎于此前半段时间以来的第一次受伤：一名年轻的海豹突击队士兵受伤，他被敌军的穿甲弹机枪打中，股骨粉碎了，腿上也撕开了一个大口子。幸运的是，他活了下来，而且回国康复去了。科瑞多尔的海豹突击队员们在马拉布区几乎是整日整日地作战。

　　立夫和查理野战排的海豹突击队员们也跟敌军在猛烈交火。在J街区，瑞安·雅布被一名敌军狙击手击中了面部，眼睛瞎了。后来，同一天内，马克·李就在瑞安受伤的J街区那条街道上被击中并牺牲。马克是第一位在战场上马革裹尸的"猛士"支队成员，也是第一位在伊拉克逝去的海军海豹突击队队员。

　　在拉马迪最激烈的那次战斗中，我们还有其他人在战场上受伤，立夫的背部也受了伤。虽然受伤了，但他仍然坚持指挥那次行动；虽然受伤了，他誓死杀敌的决心却仍未动摇。

　　我们最大型的行动地点选在这里并不是巧合，而是经过深思熟虑的。

在夜幕的掩护下，我们海豹突击队员们步行进入位置——
"猎鹰"前哨站的查理野战排向西方行进，而"鹰巢"前哨站的
德尔塔野战排往东方行进。他们不时通过无线电报告自己的位
置，这样，在"猎鹰"前哨站的我和其他将领们以及其他友军部
队能知晓他们的行踪。

仔细察看了这一地区的地图之后，两支战排分别为自己的掩
护小分队预定了驻守的位置。而我则要顾全大局，所以，这些事
都交给他们自己去完成。行动时，若预定的位置不方便，他们可
以自行更改位置。正如受训时那样，每支掩护部队的高级将领会
根据指挥整个行动的主将的命令做出部署决策：

1. 掌握尽可能多的敌军进出口路线信息；
2. 建立可以相互支持的据点；
3. 选固定的作战地点，以防万一有敌军长时间的袭击。

他们所有人都有生命危险，因此，我部下的将领们也很明白
这个战略的重要性，他们也许比我要更明白这一点。因此，我不
用每次任务前都跟他们强调，这种思想已经植根于他们心中。有
了这种思想，我前线的将领可以在行动中自主做出决策，而不需
要我的命令。他们才是在现场指挥坐镇的人，而我则在一公里外

　　　　　　　　　　　　　　　　　　　　　　极限控制

的"猎鹰"前哨站，与其他的美军将领们监视这次行动。

有时候，尽管仔细察看过地图，也经过了周密部署，我部下的将领们还是会发现，他们预定的位置不对。许多次，我们的狙击小组抵达了预计要占领的房屋时，却发现那栋房屋与地图上所标示的附近的道路相距甚远，并且没有监视敌军路线和掩护友军的最佳位置。有的时候，预定的目标建筑处于一个"死角"之上——从那里很难察看情况，也很难防卫。这种情况下，将领们就要另选地点，以便完成任务了。

这种情况下，分散管理权是必须的。这种情况下，将领们并没有来问我应该怎么做，而是告诉我，他们准备怎么做。我相信，他们会做出相应的调整，以便应对意外情况，然而却仍然在我给他们的限定范围之内，并且与我们的标准相符。我相信他们的指挥。我的部下不会引起我的自尊心作祟。我的将领们自主领导部队，自主做决策，这样就分担了我的职责，并且让我能够顾全大局。

那次行动中，查理野战排的预定位置很不错，但是，德尔塔野战排却发现，他们预定使用的房屋不能用。德尔塔野战排的将领以及他部下的将领们选了另一栋合适的房屋。这位将领用无线电告诉我，他们战排将转移到街道对面的另一栋房屋，94号房。

我回应道："我是约克。听说你们将移到94号房，听起来不错。"德尔塔野战排很快将这一消息传达给了友军其他部队，也包括跟我一起待在"猎鹰"前哨站的其他美军将领们。我重新坐了下来，看着他们把这一消息告诉其他人，也确保高层也了解了这一消息。一旦通告了所有友军部队，而德尔塔野战排也确定了这一点，他们便能移动到新选择的房屋里了。

94号房的视角非常棒。它是那一地带最高的建筑物之一，有四层，能清楚地看到那条南北向的公路，以及新的前哨站格兰特的所在地。94号房所在的位置也是个易守难攻的好地方：这里的射击点可以覆盖到敌军进出的大部分线路。

德尔塔野战排一就位，他们的无线电技师便报告："94号房已抵达。掩护点设置在四楼和屋顶。"

"收到。"我说。

然后，那名无线电技师将这一信息通告给了这一区域的友军其他部队，而我也确认其他部队已经掌握了他们的新位置信息。

此时，两支掩护战排都已经就位了，美军部队蜂拥而入——这种局面让美军变得容易受到攻击。我们固定的安保部队还未就位，勇敢的工程师们已经开始在这战乱区建设前哨站了。紧张的局势一触即发，就连我们"猎鹰"前哨站的官兵们都倍感压力。随着友军进入，可能的敌军行动报告也通过无线电送进来：某些房屋的灯亮了，另一些房屋的灯灭了；战车也发动了，离开了房屋前的车道，驶上了街道；一名男军人在小巷中暗中观察美军的动向。我们还收到消息，有两到四名军人离开了一栋房屋，还发现有其他人在用无线电交谈。

这真是最痛苦的时刻——枪战开始之前，很焦急地等待着战争开始。过去数月里，参与这次行动的海豹突击队队员们和上千名美军将士们，在附近地区与敌军展开了激烈的斗争。许多美军将士，包括我们海豹突击队的兄弟，都在这里洒下了热血。现在，敌人的攻击只是时间问题，而我们都认为，这次战斗会非常激烈。

然后，在一辆配备夜视仪器的布莱德雷战车上，我们收到了这样一条消息："我们在一栋房子的房顶遭遇了敌人袭击，看起来像狙击兵。"

击中瑞安·雅布的是一颗流弹，让他严重受伤，还让他瞎了眼，最终导致了他的死亡。几周之前，来自经常与我们合作的第2海空军枪炮联络供应公司一名年轻的战士也因被敌军的步枪击中而身亡。我们的狙击手让敌人惊恐不已，同样，敌军的狙击手也是我们的噩梦：在未被发现之时动手，造成死伤，然后迅速逃跑。因此，收到敌军狙击手出现的消息让我们提高了警惕，也让前线的枪手们紧张不已。

　　分别位于各自位置上的查理野战排和德尔塔野战排也在无线电中收到了这一消息，因此也都激动不已，也许这些狙击手中就有杀害瑞安·雅布和我们那名海军战士的凶手呢。我们海豹突击队很高兴能以猛烈的火力迎接他们。但是，虽然想象过狙击手之间的对决，然而我们真正的对决却不平等：对手只有一些狙击手，而我方出战的是大火力的美军M1A2艾布拉姆斯主战坦克。敌军狙击手可能藏在沙包后或是混凝土建筑的房屋里，这种情况进行枪战是很为难的，但主战坦克有电力设备，而且重装甲的安全掩护之下有一挺120mm的大型滑膛榴弹炮，再厚重的墙壁都可以击穿。我们都希望布莱德雷战车能够快速确定敌军的行踪。

　　当然，我跟其他人一样，都希望能看到一名甚至是多名敌军狙击手受到牵制。但是，这里的战场局势复杂，就算是最有经验

　　　　　　　　　　　　　　　　　　　极限控制

的美军将士和海豹突击队将领们都可能会觉得棘手。繁杂的城市战场，战火很快就燃烧了起来，甚至看起来再清晰的地方也瞬间被烟尘掩盖。

那辆给我们敌军狙击手情报的布莱德雷战车上，负责军官是一名美军上尉，他是一名优秀的战士和将领，深受我们海豹突击队队员的尊敬。他率领的队伍是一支杰出的部队，我们曾多次与他们合作，跟他交情很深。我们海豹突击队的狙击队支援他们的行动，而他们也经常支持我们，将他们的坦克开往非常危险还未经过清理的道路上，给予我们火力支援以及必要的医疗救助。每次我们寻求支持，这位上尉就会无畏地冒着生命危险率队前来救援；他私下打点好一切，开出坦克为我们提供支援，并回击攻击我们的敌军。连长通过无线电回应道："描述一下敌军的情况。"

布莱德雷战车上的上尉回答："屋顶有几名敌军。他们似乎携带了一些重武器，还有一些看起来像是配有狙击镜的狙击武器。"

"猎鹰"前哨站里的临时战术行动中心里，我就坐在连长身旁。我知道，我们海豹突击队的狙击手就在敌人所在地附近的屋顶上，因此我快速问道："你们见到敌军的房屋号是几号？"连长于是向那名上尉重复了这个问题。

"79号。"上尉回答。

"你的部下不就在79号吗？"为了确认，连长问我道。

我查看了一下军事地图，以核对我在无线网上听到的数字。我标出了79号，刚好就在德尔塔野战排所在的94号房所在街道的尽头。

"不是。"我回答，"我们海豹突击队是在94号房，不是79号。"

"那正好！我们开火吧！"上尉说着，很激动能诱出敌军狙击手。我们大家都很愿意杀死敌军，以保护我们美军的地面部队。但我们仍然要确认情况。

"等一等。"我说，"我要先确定我们这边的情况。"

我调整了我自己的无线电设备，通过我们自己的网络来联系我们海豹突击队。我们所使用的不是常规的网络，然而信号还是很好的。我直接跟德尔塔野战排的将领说："我们在你们附近的区域监察到了敌军活动，可能是狙击手，希望你们能用布莱德雷战车上的主炮出击。我需要100%确定你们的位置。"

"明白了。"他说，"我已经检查过三次了。我们正南面的房子是91号，再往南是公路。我们这栋房子的房顶有一个L形的房间，你在战事地图上也可以看到。我现在就在这个房间里。我确定，我们都在94号建筑物里。报告完毕。"

我确认收到他报告的信息之后，对我旁边的连长说："我确认过了，我的部下都在94号。"

"那很好，我们出击吧。"连长回应道。

"还等一等。"我说，想要再次确认，"我们先看看，你们那边的情况如何。"

"我们已经确认过了，敌军狙击手在79号房屋顶。"连长回应道，"那栋房子里再没有别的友军部队。可以的话，我们还是要出击的。"他可不想错过诱出敌军狙击手的机会。

我比他更想抓住机会诱出敌人，但我也知道，城市战区纷繁复杂，一不小心就会出错，我必须确定情况。

"请帮我个忙，"我对连长说，"就确定一下，你的布莱德雷战车上的上尉有没有数一数，从他所在的房屋到他所见的敌军所在的房屋之间有几栋房子？"

连长有点儿失落地看着我。如果这些确实是敌军的狙击手，他们任何时候都可能朝美军出击。让他们多活几分钟都意味着他们可能会杀害我们的同胞。

"我只是想确认一下。"我继续说。这名连长不是听命于我的，我也不能命令他采取行动。在这种艰难的局势下，他与我们海豹突击队执行过多次任务，我们已经建立起了紧密的合作纽带。他很爱我们的海豹突击队队员们，也对我们给予敌人的打击表示赞赏。现在他很信任我，所以也会服从我的命令。

"好的。"他说。连长调整了自己的无线电设备，对布莱德雷战车里的上尉说："最后确定一下，数一数从你所在的房屋到你所见的敌军所在的房屋之间隔了几栋房子。"

听到这话，布莱德雷战车上的上尉愣了一下，好像是怀疑为什么在敌军随时可能出击的情况下，他还要做这种事。然而他还是在无线电设备里回答说："收到，请稍候。"

　　　　　　　　　　　　　　极限控制

数房屋的数量本来应该不超过15秒钟就好了，然而，无线电设备那头的沉默却持续得更久——太久了。

终于，那头传来了回音："更正：他们认为敌军在94号房子。再说一遍：94号房子。我数了数我们距那栋房子之间的房屋数。我们判断错了距离。结束。"

"不要动手！"连长快速而果断地通过无线电设备发出指令，因为他意识到，他们所说的94号房子里的"敌军"其实是海豹突击队员。"所有人都不要动手！94号里的是友军部队。我再说一次，94号房是友军的驻扎地，那栋房子的房顶有海豹突击队员。"

"收到。"布莱德雷战车上的上尉意识到，自己的错误差点造成了自相残杀，很严肃地回答。

"收到。"连长说。发现这种错误这么容易出现，也明白了这种错误可能导致的致命性后果之后，这名连长盯着我，缓缓地说："哎呀，真是虚惊一场！"

这里没有正规的街牌门牌号，加上弯弯绕绕的道路和巷子，这种弄错的情况很容易发生。但一旦发生了，就可能产生严重的后果。布莱德雷战车上25mm的重火炮发出的烈性炸药可以炸穿房顶，这样就会造成那里的海豹突击队队员全体伤亡。

　　庆幸的是，我们的部队使用的是分散管理权的原则。我部下的将领没有告诉我他们面临的状况，只是告诉我他们会怎样改正过来。我部下的将领们运用的原则不只让他们自主领导着部队的行动，还能让我顾全大局——这次行动中，大局就是在这个充满变数的环境中，协调其他部队的行动。如果我一直在前哨站关心两支野战排的情况，试图给他们做行动指挥，我就不会有时间来处理出现的其他情况了。这样，后果会很严重。

　　相反，分散管理权的原则让我们有效控制了风险，阻止了灾难的出现，并帮我们完成了共同的任务。很快，真正的敌军便猛烈地朝我们发动了袭击，以保护他们在中间那条南北向道路两旁的据点。然而，我们海豹突击队的狙击手和机枪手在那条街道上朝他们回击，并杀死了部分敌军，他们嚣张的气焰才得到收敛。分散管理权的原则让我们在充满挑战的战场上自如发挥，并为我们的同伴建立新的前哨站提供了保障，确保让他们平安回家。接下来，这一原则还会继续帮助我们维护拉马迪地区的和平稳定，保障这里人们的安全，让我们成功完成保障这里的任务。

原则

　　常人一般能管理的人数最多不过6到10人，尤其是情况不正常，或有什么意外情况发生的时候。再高级别的指挥官也无法管控数十人的部队，更不用说是成千上万人的部队了。大部队必须分成4到5名海豹突击队员一组的小组，各组有一名指定的长官。这些长官必须懂得整个部队的大任务，以及任务的最终目标——也就是主将的意图。低级的指挥官必须有权给主要的小任务做出决策，以便最高效地完成大任务。大部队里的小队伍是为了某个特定任务更高效完成而分的，指挥官的职责分明。每个小队伍的指挥官不止要明白他们要做什么，还要明白为什么要那么做。如果前线的指挥官不明白为什么，他们必须向上级长官问明白。

　　分散管理权并不意味着各分队的指挥官和战士们只完成他们小队伍的任务，那样，结果只会是一团糟。相反地，下级的指挥官必须明白"自主管理"的含义——知道他们职责的范围大小。另外，他们必须明白，一旦要做出超出他们职责范围的决策，就必须跟上级的长官沟通交流，将关键的信息报告给上级长官，这样，上级的长官就能做出相应的决策。战场上，海豹突击队的指挥官需要推测出应该要做的事，并完成——即告诉上级长官他们计划怎么做，而不是问他们应该做什么。低级的指挥官必须主动提问，而不是被动接受命令。

为了切实履行决策的职责，前线的指挥官必须自信。指定的指挥官必须明白战略性的任务以及主将的意图。他们必须绝对相信，他们的上级长官一定会支持他们做出的决策。没有这种信任，下级的指挥官就不能自信地完成任务，这也就意味着，他们无法有效运用分散管理权的原则。为了确保任务顺利进行，上级长官必须不间断地跟下级指挥官交代关键性的信息——在军营里，我们称之为"知悉情况"。同样的，下级的指挥官也要将战场实情转告上级长官，尤其是关乎战略决策的关键信息。

在海豹突击队里，就跟商场上的任何企业团队一样，有些人总爱面面俱到。一旦发生这种情况，所有的行动马上就会变成一团糟。要挽回局面，就必须使用分散管理权的原则，确保前线的指挥官率队在支持大任务，无须上级长官的调度指挥。

同样的，其他远离战场的长官也无法完全掌控战场上的一切。这些长官看似在指挥操纵着一切，但他们却不了解自己的部下在做什么，也无法真正指引他们行动。我们将这种情况称之为

"远离战场"。这种状况造成了长官和部队之间的不和，这样的长官率领的部队是无法完成任务的。

　　关键就是要确定，我们要如何参与进来，分担多少任务，怎样领导和掌控队伍。海豹突击队会在"演练房"里进行实战演习。"演练房"就是一间有多个隔间的小屋，墙壁是弹道状的，我们海豹突击队队员、其他部队和警力部队都会用它来提高他们的实战技能。对于那些在学习期的年轻的海豹突击队军官来说，跟部队一起穿过"演练房"就是训练他们的好机会，他们可以体会到自己应该分担多少责任，以及如何确定自己的位置。有时候，年轻的军官进步太快，每一次房间清理都参与了进去，也就是说，他总是在进入房间，打击目标。一旦出现这种情况，他就会一直关注着目前这个小房间里的情况，而忘记了顾全大局，也无法真正掌控整个局面。还有些时候，只顾着最后的清理，而无法掌握前线的情况，不能给前线的部队做恰当的指引。我跟许多军官提过，建议他们将自己安排在队伍中间：不用太过靠前，每一次任务都冲在最前面，也不能太落后而看不到前方的情况。与常人的做法不一样，你的具体位置并不固定，你必须能够自由移动到最需要你的地方，执行任务的时候总是改变自己的位置。理解你的合适位置是分散管理权这一原则的重要因素，这一点不止在战场上适用，同样也适用于任何行业里的任何企业、团队。

任何行业里想要成功，关键是要运用分散管理权的原则。在错综复杂、瞬息万变的情况下，所有级别的人必须能自主决策，这是获得成功的必要条件。

极限控制

第三部分

使 胜 利 成 为 习 惯

第九章　规划部署

立夫·巴宾

////////////////////////////////////

伊拉克拉马迪：解救人质

"人质所在的房屋院子里埋着简易爆炸装置，房子里还有掩盖机枪的掩体。"我们的情报官十分严肃地说。

这次的任务是解救人质，风险很高，不仅要消灭敌人，还要解救无辜的人质。我们受过这样的训练，但是却很少有这样的实战机会。现在，"猛士"支队可有机会真正执行一次这样的任务了。

一名伊拉克上校军官的侄子，才十几岁，就被一组与"基地"组织相关的暴恐武装分子挟持了。对方要求少年的家人支付5万美元的赎金，如果拿不到赎金就砍掉少年的头。那段时间，这样的胁迫和砍头在拉马迪和安巴尔省可是司空见惯的事。通常，就算家人交了赎金，人质还是会受尽折磨甚至死亡，这些挟持人质的暴恐分子可是彻头彻尾的坏蛋，当然可能使出这种胁迫的手段。我们"猛士"支队没时间可以浪费，我们必须快速制订出战略方案，并将它通告全部队，尽快开始行动。

我们的情报官说，人质被关押的地方在拉马迪城郊的一栋房子里，通往那一地区的道路上遍布着简易爆炸装置，这些装置的危险系数极高。那是一个危险的敌控区，也是人质以及人质挟持者藏身的地方，我们必须找出进出那一区域的最佳方式。我们必须扬长避短，降低我们海豹突击队、爆炸物处理专家以及伊拉克友军部队的风险。

我们"猛士"支队的情报小组包括了数十名海豹突击队队员以及非海豹突击队的成员。情报小组的组长是一名年轻的海军少尉（是海军部队级别最低的军官），刚刚从美海军学院毕业。他不是海豹突击队队员，他的专业是收集情报。他是个新人，经验不足，不过他很机灵，很努力，斗志高昂。按照美国有限频道"喜剧中心"动画片《南方公园》里主角的名字，我们给他取了个昵称——巴特斯。巴特斯和他的情报小组统计并整理所收到的情报，以帮助我们做战略部署。同时，我们"猛士"支队的海豹突击队队员们则负责制订战略方案。

　　　　　　　　　　　　　　　　　　极限控制

作为查理野战排的长官，我是执行这次解救人质任务的突击队的指挥官，这支部队包括了数十名海豹突击队队员，1名爆破处理专家和15名清理房间的伊拉克士兵。"猛士"支队的长官约克是这次地面行动的指挥官，负责指挥所有作战部队——包括参与这次任务的突击队、我们的战车、飞机及其他支援部队。

时间一分一秒地过去，我们对这次任务进行了分派，列出了我们所收集到的情报以及所有可用的装备：我们自己的装甲车"悍马"以及美海军两架HH-60海鹰号直升机。我们制订了一个可靠的方案：一小组海豹突击队狙击手们悄悄赶到距目标房屋一段距离以外的地方，以监视目标房屋内的动静，并掩护我们突击小组靠近目标建筑物的行动；我们突击队进入房子后，清理所有的房间，打击敌人，如果顺利的话，人质也能解救出来。约克则一直留在车队里，跟协助作战的部队在一起，直到目标房屋被清理干净为止。

我特地穿过了拉马迪营，这里是美军在拉马迪生活和作战的基地，快速会见了负责目标建筑物附近区域的美军军官。一年多之前，这名军官曾率队在拉马迪作战过。他们在城市的这一地带与一支战斗力极强的敌军展开过殊死搏斗，数名战士丧生在这里，另有多人因那次战役受伤。这位军官熟知这里的一切，他的战车和部队将全力支持我们这一次的行动。这名军官所率的这支部队是美国国民警卫队，也就是说，在国内，他们是非全职的部队，不过，这位军官可是后起之师。在拉马迪，这位军官和他的部下都是全职战士，而且非常优秀。他是个杰出的战场指挥官，专业的军官。我们都很崇敬他和他的这支部队，也很看重他对这一地区战况的评估。我跟他讨论了我们的计划，他也提出了一些建议，如我们怎样毫发无损地进入这一地区，他会怎样调动他的战车和坦克来支援我们。我认真地听着他的部署。

回到海豹突击队的营地，当时称之为鲨鱼基地①，我们最后确定了我们的方案，并将所有海豹突击队将领们请到了战略指挥区。我们海豹突击队总是能做出让敌人措手不及的部署，既降低了我们的风险，也给了我们获得成功的机会。除了海豹突击队队员、爆炸物处理专家以及跟我们一起出战的翻译（我们之后会跟伊拉克部队取得联系），我们还从特混支队请来了一位重要的支持者，他会一直留在幕后，待在作战指挥中心。关键就在于，我们都明白这次部署，一旦出错了，我们也知道该怎样反应。大家都聚集到战略指挥中心后，我们摘列出了战略部署的详细内容。我们要成功解救出人质，时间是至关重要的，但为了完成这次任务，我们要确保大家都

①鲨鱼基地：后来，为了纪念第一位在伊拉克的战事行动中牺牲的战士马克·李，我们将其命名为马克·李营。

　　　　　　　　　　　　　　　　　　　　　　极限控制

明白这次部署的内容。很快，我们便明白了这份内容摘要。

作为突击队将领，我做了总结。我们的战士们已经了解了足够多的信息，我最终的说明只是给那些信息排序，我希望他们会将以下三项当作最重要的内容：

1. 仍然要出其不意，接近目标的时候，隐蔽性比速度更重要；
2. 攻破防线之后，一旦进目标建筑物，速度就是最重要的了。我们要快速清理房间，并赶快建立安防措施；
3. 明确识别任何潜在的威胁，注意不要伤害人质，并准备医药急救。

作为负责这次任务的地面部队指挥官，约克也做了总结，将复杂的军事术语简化成大家一听就能明白的话："如果你要扣动扳机杀人，那请确保对方是敌人。"

说完这话，我们的会议就结束了，大家一涌而出，都开始急急忙忙地准备装备、战车，做最后的检查了。约克和我则单独留了下来，在为战略部署做最后的商讨。

突然，巴特斯闯了进来："我们刚刚收到一条新的消息。"

他很激动很认真地说，"人质所在的房屋院子里埋着简易爆炸装置，房子里还有掩盖机枪的掩体。"这也就是说，挟持人质的暴恐分子已经做好了战斗的准备，我们的这次任务风险极大。

约克看着我。"我想，你的部队会遇上敌人的。"他说着，很自信地微微一笑，点点头。他完全明白这次的风险。但他也知道，我们的计划很周全，而我们的部队以及支援部队都已经做好了应对准备。

"我也是这样想的。"我说着，也朝约克微笑着点点头，以示同意，还加了一句："正是时候。"我们遭遇困难的时候经常这么说。

我们走到外面的战车旁，海豹突击队的队员们和车辆的乘员们都已经排好了队，准备出发了。

"刚刚收到了最新的情报，"我对大家说。我把院子里埋着简易爆炸装置，以及隐蔽的机枪位告诉了他们。

"明白了，"好几位海豹突击队队员都说，"我们出发吧。"

这个消息让他们斗志昂扬，"猛士"支队就是这样。

这不是骄傲自大或者自负。相反，大家都知道这次任务很危险，人质很可能不能活着回家。但是，尽管收到了这样的新情报，我们仍然相信我们之前的部署。我们的目标就是出其不意地进攻，在敌人发现我们的行动之前给予他们沉重的打击，这样，我们才有把握将人质安全带回来。简会之后，大家都理解了我们的所有部署计划，以及自己所负的责任，明白了一旦出现错误将要怎么做。通过部署，我们已经明白了可能遇到的所有风险，然而，我们不能忽视这些风险可能造成的后果，这次任务确实非常危险，能不能成功解救出人质还是个未知数。

我们登上战车，驶出了大门，进入夜色之中，出发去执行任务。

战车开出一段距离之后，所有人都下了车，保持侦察队队形前进。我通过无线电设备收听我们海豹突击队的战况更新。

"目标建筑物内没有人活动，"他们报告说，"这里看起来很安静。"当然这并不意味着这里真的静悄悄的，只是他们没有观察到有人活动的迹象。

夜幕沉沉，突击队队员悄悄地下了战车，快速朝目标建筑物潜行而去。作为将领，我对部队行进的方向再次进行了确认，以保证他们没有走错路。我不断地来回查看目标建筑物和部队行进的方向。

我们的部队逐渐地靠近，你能感觉到大家越来越紧张。抵达目标房屋之后，爆破物处理专家先出发去清理爆炸装置，我们海豹突击队则赶往入口处，在门口安放一枚大型的炸弹。

轰隆隆！

开始了，我自己想着。

我们要解救的是伊拉克人质，因此我们计划让伊拉克部队打头阵。然而，通过那扇严重变形的金属门，进入里面满是烟雾的房间时，他们却犹豫不前了。这一刻开始，每一微秒的时间都很重要。我们海豹突击队的军情顾问已经准备好了应对这种局面，因此他们很粗鲁地将那些伊拉克将士推进了房间里——我们没时间可以浪费。

海豹突击队队员们紧随着伊拉克将士们进入了房间，然后，进入下一个房间时，伊拉克士兵们又开始缩头缩脑了，而我们海豹突击队队员们则身先士卒，快速清理了房间。很快，所有的房间都得到了清理，所有的俘虏都被我们控制了。

"保护目标人物。"我发出指令。我们都没听到开火的声音。现在，我们要做的就是确认俘虏身份。

我们抓获的人之中，有一名很慌乱的伊拉克少年。我们将他拉到一旁，通过翻译问了一些问题之后，确定了他就是那名被挟持的人质。马克·李也参与了这次任务，任何情况下他都不会放过逗乐他人的机会。他很平静地走到那个孩子身旁，极力模仿1990年的电影《飞虎神鹰》中由演员迈克尔·比恩饰演的詹姆斯·卡瑞斯上尉，说："我们是海豹突击队的战队，我们来这里是为了解救你。不必要感谢我们，因为我们没有出现过，你也没有见过我们。刚刚发生的都不是真的。"我们大笑起来，因为那个孩子虽然不会说英语，但无疑是感激我们的，而且显然，能够重获自由他也很轻松。

这次的任务圆满地完成。敌人知道海豹突击队已经到来之时是他们的门被撞开之时，我们以一种他们完全没有意料到的方式将他们一网打尽。我走到了目标房子的屋顶，调整了无线电设备，呼叫在目标建筑物外跟大部队在一起的约克："约克，我是立夫。目标建筑物得到了安防，我们解救了人质。"

我们救出了活生生的人质，我们将所有功劳都归给了伊拉克部队。将解救人质的功劳都归给伊拉克部队的意义非凡，对于毫无战斗经验的伊拉克部队来说，这一胜利证明了他们有能力将平民百姓从暴恐势力手中解救出来。

这栋房子的院子里没有爆炸装置，房子内也没有机枪手的掩体，但是，这些暴恐分子是完全有能力配备这些武器的。我们真的非常幸运，但这种幸运也是靠我们自己赚到的——我们坚持出其不意地出战。我们的这次部署就是对我们"猛士"支队战略部署技能的考验和证明，对曾在这里作战整整一年的美军将领和他的部队的信任是我们成功的关键所在。

一年后，我回到圣地亚哥，在海豹突击队的基础训练指挥部当了一名教官，我用了以上的例子来讲解领导者的决策技能。面对着房间里的所有即将成为海豹突击队长官的年轻人，我讲了当时的情况，一名伊拉克少年被挟持，挟持地点已知，我们已经制定好了这次任务的战略部署，准备出发。"出发之前，"我说，"情报官通知你们，那栋房子的院子里埋着炸弹，并且房子里还隐藏着机枪手。你们会怎么做？"

房间里的各位战斗经验不一。

"那就不去。"一名海豹突击队的将领说，"冒这个险不值。"房间里有部分人赞同这个观点。

一名团长说："重新制订计划。"另有一些人赞同这个观点。

我沉默了一会儿，让他们自己考虑他们做出的决定。

"问你们一个问题，"我对大家说，"你们哪次任务能够确定，院子里没有炸弹，房子里没有机枪手？"

大家都摇头。这个问题的答案很明显：都不能。你无法确知，你即将抵达的目标地没有这样的危险。你只能假设，确实有这样的威胁，每一次任务你都要为此做好准备，并尽可能降低风险。这才是战略部署的关键目的所在：任何情况都不要置之度外，为可能出现的紧急状况做好准备，降低部队所要承受的风险同时尽最大可能完成任务。

尽管得知了致命性威胁的存在，但我们还是能够完成解救人质的任务，因为我们已经把那些威胁都考虑到了，并且也已经做好了相应的计划。我们采取了特定的措施来估测目标建筑物内及其附近可能出现的简易爆炸装置的风险，而我们也很谨慎地做好了突袭的计划，这样就算敌军确实布置了机枪手在房间里，等他们发现我们的时候，也已经迟了。因此，我们无须重新制订计划，我们已经准备好了。由于做好了周密的部署并且严格按部署方案执行了——再加上一点点运气——我们获得了成功。

海豹突击队战略部署的技巧也能够适用于各行各业，任何行业里的任何团队组织都要有标准的战略部署的方式。

原则

部署是什么意思？部署的第一步就是要确定任务。长官必须给部下明确的指示和命令。他们自己理解了任务的目标，才能将它告诉他们部下的军官和完成任务的前线部队。含糊不清的指令不会让大家明白，行动的效率也不会高，这样就难以达成目标。为了避免这种情况，长官必须把任务及其所要达成的目标交代清楚。

进行战略部署时，长官必须解释主要的目的以及期望达成的结果。被指派完成任务的部队必须明白任务的目的所在。简单地说，长官期望达成的目的才是部署时最重要的内容。大家都明白之后，部队才能在实际行动时做出相应的计划，采取相应的措施。

行动的不同步骤都必须关注要怎样才能完成任务——人力、资源和可用的支援部队。一旦确定了一个步骤，接下来的计划就需要收集足够的信息以促成周密部署的实施。关键是，还要利用所有资源，并依靠那些能准确地提供最新消息的人。

长官必须尽快将部署的内容告知部下的军官，大部队里的指挥官以及前线的指挥官们必须按预定的全盘计划制订自己小队的任务和行动方案。每一个人——哪怕是最低级别的战士——都能够冷静地想出解决问题的新方法。给前线的部队自主权，哪怕只是解决行动过程中的一个小问题，也是给他们认同感，帮助他们理解计划背后的缘由，让他们更加相信部署的内容，让他们更高效地完成任务。

监督整个部署过程时，长官必须小心，不要纠缠细节。忽略部署中的细节能让长官更关注战略的目标所在，这样能让指挥官"退后一步，成为指挥天才"——即让他们关注计划的缺陷，如果他们太关心细节，就有可能注意不到这些缺陷，这让长官在行动之前就能够做好计划来弥补这些缺陷。

我们的目标是制订一个详细的计划来完成任务，这个计划必须简单明了，使所有参与任务的人以及支援部队都能明白。你必须简单明了地交代每个步骤，以防信息太过冗长繁杂。部署和简介的过程中必须允许大家讨论、提问、质疑，如果前线的部队不明白部署的内容，而且又不敢提问，那么，部队的效率也会大打折扣。

交代清楚之后，参与任务的所有人才会明白任务要达成的目的，部队的特定使命，长官的意图以及他们在任务中的职责。他们也会明白可能会遇到的意外，以及一旦发生意外自己能怎么做。判断有没有交代清楚的标准很简单：部队里的所有人以及支援部队都明白。

部署必须降低可能的风险。海豹突击队以能承担高风险任务而出名，但事实上，海豹突击队对风险的评估是很谨慎的。好的部署必须能让人尽最大可能完成任务，并尽可能降低风险。引用一句熟知的军事谚语：敌人也有决定权。有些风险是无法减少的，长官必须留意那些可控的风险。为意外做详尽的计划能有效

极限控制

控制风险的程度，因为一旦出现意外，直接参与行动（以及支持行动的人）会明白自己应该怎么做。但无论是战场还是商场，都必须乐于承担一定程度的风险。正如美国独立战争中的海军英雄以及美海军之父约翰·保罗·琼斯所说："不承担风险，就不能取胜，这是一条亘古不变的真理。"①

　　最优秀的军队总是保持策略不变，调整效率，这样，他们才能汲取之前的经验和教训，来面对之后的任务。商业人士通常说，没有时间去思考策略。但我们必须抽出时间来思考。每次战斗任务结束之后，最优秀的海豹突击队总会做一次战后汇报。无论之前的战事让人多么疲惫，接下来的战况多么紧迫，我们总会抽时间做这样的汇报，因为之后任务的成功完成都要依靠它。战后汇报会审核从部署到执行的方方面面，很简短，只要二三十分钟时间即可。汇报要总结刚刚完成的任务的如下方面：哪些是正确的？哪些是错误的？以后遇到这样的情况，我们怎样调整战略，使我们行动更有效率，并增加我们打败敌人的胜算。这样的自我总结能让海豹突击队重新判断哪些策略是奏效的，哪些不是，这样才能不断进步。任何行业里，想要成功，关键是在为未来做规划的时候将那些变量考虑进去，那样才不会犯与之前同样

---

① 本句摘录自美国海军学院网站公共事务办公室，约翰·保罗·琼斯名言录，网址：www.usna.edu/PAO/faq-pages/JPJones.php.

的错误。

　　每个领域有其自己的规划制定过程，但这过程必须标准化，这样，同一公司里的其他部门以及本公司外的其他合作企业（如服务承包商或分公司）也能够懂得为何要这样制定规划，并使用同样的规则调整。大家必须重视它，而且必须列出所需要考虑的重要因素。做出的规划必须简单明了，这样被指派完成任务的人才能够明白。这样完成规划，效率才会大大提高，才最有可能赢得胜利。

　　规划备忘录应包括以下几个方面：

　　·任务分析

　　理解高层下达的任务、意图，以及任务的目标

　　自行考虑你所希望达成的目标

　　·确认参与任务的人力、可利用的资源，确定合适的时间

　　·分散规划权

　　允许主要相关之人制定相应的行动步骤

　　·确定行动步骤

　　主要关注最重要的步骤

　　·允许主要负责人为所选的步骤制订计划

　　·为行动的每一步可能出现的意外情况做出计划

·尽可能控制可控的风险

·将主要的任务分派给主要的相关负责者

退后一步，成为指挥天才

·就已经出现的情况对计划进行检验，提出质疑，确保这一计划仍然适用于当前的局面

·简单明了地将这一计划通告所有参与行动的人及支援行动的人

强调"指挥官的意图"

参与集体讨论，并提问

·结束任务之后做"战后汇报"

总结经验教训，并将它们用于以后的行动规划中

第十章　上传下达

立夫·巴宾

/////////////////////////////////////

下达命令

伊拉克拉马迪马克·李营：准备凯旋

　　黑沉沉的夜空突然像摇滚音乐会一样闪亮起来。河对岸的远处，拉马迪中心的美军据地遭遇了袭击。很快，美军哨兵们也用重机枪开始回击，飞往敌军方向的子弹在空中划出橙红色的弧线。很快，我们就听到了机枪咔哒哒的声音，不时还会夹杂着炸弹爆炸轰隆隆的巨响。军人都知道，弹袋机枪的子弹每五颗就有一颗烟雾弹，这就意味着，在我们看不到的夜幕中，有许多火热的枪弹朝我们袭来。远处的战火已经燃烧一段时间了。约克和我都发现，远处战地的上空，有一架未被发现的美军攻击机（可能是海军F/A-18马蜂号飞机）的引擎发出的光。一道闪光掠过，导弹擦过机翼，划过天空，爆炸了，炸出绚烂的光芒。庆幸的是，只伤到了敌军，而没有美军伤亡。这真像是戏剧情节。不过我们是在拉马迪，这里发生的一切都非同凡响。

这一夜原本的宁静被远处那场点亮了天际的战火扰乱了。当时，伊拉克炎热的夏日刚刚让位给凉爽的秋天。约克和我坐在一栋三层楼房布满灰尘的屋顶，这栋楼房就是我们基地的战略指挥中心——马克·李营。我们这支特混支队已经在拉马迪驻扎了近六个月的时间，很快，我们即将回美国了。那天晚上，我们再没有别的任务，约克和我一边看着幼发拉底河平静的水流和远处拉马迪城的灯光，一边回忆着过往的战争时光，真是很难得。我们回忆起了我们支队参与过的所有战役以及在这里发生的一切。

"猛士"支队执行过成百上千次作战任务，像刚刚我们所目睹的敌军猛攻，我们也经历过不少。我们曾经历过数十次交火，深陷炮火之中，并不断请求坦克或战机火力支援；我们海豹突击队曾给敌军以重创。见证了那么多次胜战，我们明白我们战绩非凡，但我们也遭遇了重大的损失。2个月前，拉马迪市中心的一场激战中，我们失去了马克·李，他是第一位在伊拉克战场逝去的海豹突击队队员，因此，我们用他的名字来命名我们的营地。马克的死令我们震惊，他的死造成的损失永远无法弥补。马克·李丧生的同一天，我们另一名深受爱戴的海豹突击队查理野战排战士、瑞安·雅布被敌军炮火击中，脸部受伤，他失去了一只眼睛，面部受伤严重，但我们仍然满怀期待，希望医生宣布他的另一只眼视力尚存。他在德国一家医院做康复治疗，3周后，我们收到消息，瑞安的眼睛再也无法看到世界了：他失明了。这个消息真是令人遗憾，我们的希望也就此熄灭了。然后，我们在伊拉克的征途即将告一段落的时候，德尔塔野战排的另一名"猛士"支队成员、迈克·蒙苏尔，在回国前的一次任务中，被一枚打入德尔塔野战排的敌军手榴弹击中丧命。迈克扑到那枚手榴弹上，保护了其他战友免于痛苦，却赔上了自己的性命。他们三个都是深受我们爱戴的战友和兄弟，我们将永远悼念他们。

　　那天晚上，约克和我谈论着在拉马迪执行的所有任务，我们都明白，在美军第1装甲旅拯救拉马迪主要地区的战略行动中，我们"猛士"支队发挥了关键作用。经过数月的努力和无数次的交火，美军部队和伊拉克友军部队在拉马迪的影响力已经深入人心了，而之前则一点影响力也没有。伊拉克部队现在可以守护这座城市的人们免遭暴恐分子的恐怖袭击了，那些暴恐分子曾长期占据这座城市的大部分地区。凭这一点，加上第1装甲旅将领的深谋远虑，促成了这里的部落酋长们成功与美军联合反击伊拉克"圣战"组织的"安巴尔同盟"的形成。

"猛士"支队以自己在第1旅的表现为荣。我们挫败了大量敌军，缩小了他们的活动范围，大大干扰了他们的解放行动。现在，第1旅的前哨站遍布这座城市大部分地区，敌人已经失去了对拉马迪大部的绝对控制权。然而，我们之前在屋顶看到的那一场战争却证明了，敌人的残余势力仍然很强大，并且为了夺回对城市的控制权仍然在负隅顽抗。

　　我想，我们在这里的长期影响力究竟是好是坏呢？很快，我们将任务移交给了另一支代我们驻扎在这里的海豹突击队特混支队。我们登上了一架美国空军C-17货运飞机启程回家，我们在拉马迪的时光也就结束了。

　　回到国内，拉马迪血腥暴乱的街道跟加利福尼亚州圣地亚哥和平安宁的环境简直是天壤之别。对我们大部分人而言，这也是精神上的回归。率领我们"猛士"支队与美国陆海军部队的兄弟姐妹们携手经历了那些血雨腥风之后，我觉得很疲惫。在伊拉克战争中，我们失去了首批在战场身亡的海豹突击队兄弟们。作为将领，我还没有准备好承担未能将所有部下安全带回家的遗憾的负担，如果我能代他们去死就好了。瑞安遇袭，马克被杀的时候，他们正是因接到了我的命令而上战场的。我是指挥官，我要为他们的死负责。迈克·蒙苏尔的上级长官、我的同事也有这样的感受。我还知道，约克也为他们的离去而深感自责。

听到电视等媒体上的评论员总是在说在伊拉克付出的"血汗"，我很是愤怒。对他们来说，伤亡的人只是写在纸上的数据。然而对我们来说，他们是战友和兄弟，他们的家人都很悲痛，我们都很怀念他们，为他们的逝去而悲伤。有一部分伤员受伤过于严重，以后都无法完全康复，他们的生活，以及他们家人朋友的生活也将因此而受到影响。参与过这场征战的人所遭遇的磨难远不是常人能够想象的。

在我们海豹突击队，我们听到过远离战场的后方部队中有些纸上谈兵的家伙批评我们的行动。显然，他们不明白我们所做的一切，也不清楚我们为什么要那么做。他们没有见识过我们的行动，没有见识过我们的不同凡响。我很生气，但努力克制着，尽量对这些批评保持专业冷静的态度，尤其是对那些没有真正战场经历的高级将领。我很想打得他们满地找牙，但我更希望他们明白我们所做的一切，明白我们为什么要那样做。我知道，任何理解"猛士"支队行动，明白美军第1旅所取得的无上荣耀的人都会尊崇部队英勇无畏的奉献精神，并对他们成功保卫了拉马迪和安巴尔省表示敬意。这场战争堪称史上最艰难的战争，美军能够取胜，我们颇以为荣耀，当初，很多人都认为我们不可能赢。然而，我们却向他们证明了，他们的这个想法是错误的。

我们海豹突击队里的某些人说，我们承担了太大的风险，我们的狙击行动就像是"打地鼠"的游戏。他们曾参与过以前的特别行动，却无法理解我们所做出的调整，也不明白我们做出那些调整所承担的风险。他们也不懂反恐行动的本质，以及我们所争取来的和平自由的本质。

华盛顿的某些政治家和军事管理局成员认为，杀死暴恐分子只会招来更多敌人。但是，他们并不了解真相。我们是保卫那里平民的主要力量，每一个被杀死的敌人都意味着更多的美国陆海军将士的生存；还意味着伊拉克部队和警力能继续战斗；也代表着拉马迪的平民百姓更加安全；敌人再不能蹂躏屠杀那些无辜的平民；那些当地人不再害怕暴恐分子，就会愿意与美伊联军合作打击他们。

2006年10月末，"猛士"支队回国之后不久，约克应邀给海豹突击队最高长官、参谋长联席会议成员之一，也是美国总统的直属顾问之一作报告。约克带上一张拉马迪的地图，画出了我们抵达之前完全处于敌军控制之下的地区——"圣战"据地。我刚到拉马迪时，之前在这里驻扎了六个月的海豹突击队将领告诉我："不要去那里，你们都会被杀死，而且没有人（美军部队）

能将你们解救出来。"

根据这张地图，约克制作了一张幻灯片，记录了美军第1旅特战队如何用"取胜、清理障碍、掌控局面并建立秩序"的战略原则，在数月的时间之内赶走了敌人，系统性地维护了敌占区永久的和平。美伊联军用这向当地的伊拉克平民证实了，此刻，我们才是强者。结果，当地平民加入了我们的行列之中，将枪口对准了威胁他们的暴恐分子。这张幻灯片展示了"猛士"支队的海豹突击队队员们是如何每次任务都身先士卒，在敌占区建立我们自己的前哨站的。

约克将他制作的幻灯片给我看，我这才第一次将它们全都联系起来。尽管我参与了大部分行动的作战部署，在战场上指挥一支分队，与其他部队合作，每次任务之后也详细记录了任务的过程，但我从未将它们联系起来看，也没有想过这些任务之后的后果。但现在，约克的幻灯片将在拉马迪战役中的一切都展示在我眼前。

这一发现真是特别：我曾是查理野战排的将领，在"猛士"支队的地位仅次于约克。然而，我太过关注行动的细节，却并没有意识到，这些行动是如何帮助我们达成远超常人意料之外的目标的。

"真奇怪，"我对约克说，"我竟然从没有这样联系起来看。"这张幻灯片让我立刻明白了我们为什么要做出那些行动。明白了这一点并不能减少失去战友的痛苦，但却帮我明白了我们为何要冒这样的险，以及冒险之后所达成的目标。

　　作为一名长官，我太过关注战略部署的内容，关心与陆海军战队的协作，远远超过了关心我战队里的海豹突击队队员们。然而，如果我自己都没有完全意识到行动所造成的影响，我又怎么能指望前线的将士们了解呢？答案是：完全无法指望。年轻的海豹突击队战士在战略部署时的作用不大，他们负责带上武器开始行动，维护战车上的一切装备，或者为行动布置爆炸装置，参与任务的时候，他们总是想：我们接下来该做什么？他并不理解我们为什么要如此行动，也不明白接下来的任务跟拯救并维护拉马迪的稳定这一战略目标有什么关系。

　　直到这时我才发觉，作为长官，我并没有将这些告诉部下。当然，有些东西是要随时光变迁而逐渐领悟的，但我本应该做得更好，自己先弄明白战略部署的结果，然后再告知部下的。当我不明白的时候，我本应该问问约克，然后我才能更好地理解战略部署的内容，并将那些内容通告查理野战排的海豹突击队员们。

　　看到我对他制作的幻灯片是这样的反应，他也意识到，自己

　　　　　　　　　　　　　　　　　　　　极限控制

也没能清楚地将任务的目的及缘由告知部下。他明白，就算将领认为他的部队明白大局，他们通常也很难将自己手头的任务与战场大局联系起来。

回顾"猛士"支队在拉马迪作战的时光，我发现，那些厌倦了战火硝烟的将士们，经过了数月艰苦的战斗反而变得更加消极，而且行动的时候总是质疑其风险性，每一次任务部署时，他们总是一副避而不见的态度。相反地，那些一直关注战况，并且相信我们的行动的人，他们乐于坚持，如果可以，他们甚至能在那里待更久，这些人每次战略部署的时候总会积极参与，就算他们只负责战略部署中的一个小任务，无论是探索进出目标地点的路线，在出入口布置炸弹，与支援部队的合作，还是组织伊拉克部队进行突击，这些将士都还能理解任务的目的，并且明白要如何将风险控制在可控范围之内，以及我们做出该行动的缘由。然而，那些不主动承担责任的海豹突击队员们却仍然不太明白——这当然是我的责任。结果，他们花了更多的时间去了解我们为什么要去冒那些风险执行任务，了解我们这些行动是如何保卫了拉马迪。

回顾过去，作为海豹突击队的军官，我汲取的最大的教训之一就是，我本应该更好地下达命令的；我本应该花时间去更好地理解我们所执行的任务跟战略大目标之间的关系；我本应该就此问问约克，然后再下达指令的。我应该做出完整的战略部署，将之通告查理野战排的将士们，这样，他们才会明白我们已经完成了哪些任务，接下来我们又该如何保卫拉马迪以及这里的平民百姓。夏天时，伊拉克的温度可达117华氏度，而我们的将士们扛着沉重的武器装备迎击敌人的猛烈攻击，查理野战排的将士们需要弄清楚自己的行动为什么是必要的。看到约克制作的幻灯片，我现在更明白我们所做的一切的含义，更重要的是，还明白了下达命令的真正含义。这个教训太过沉重，不过我永不会忘记。

原则

优秀的指挥官总是忙于战略部署，指挥整个行动以使部队达成最终的目标。这些指挥官们有大局观念，并且知道即将要进行的任务步骤。这些信息并不是直接传达给部下和前线部队的。部队中的中下级军官则只关注指派给他们的任务，而且必须保证这些任务是为了完成大目标而进行的。他们无须了解高层的所有意图。高层也无须将部下的每一次战略安排都搞清楚。然而，他们却必须了解对方的职责。最重要的是，上级长官要向部下和部队解释，他们的职责对整个战略的成功有什么作用。

极限控制

跟长官所认为的不一样，这并不是普通的士兵可以凭直觉明白的。长官们必须切实跟部队成员保持沟通，以帮他们了解自己在整个任务中的职责，并且要以此为习惯。前线的指挥官和部队在完成日常任务时才能够将细节联系起来，而这也将助部队完成大目标。这会有助于部队在变幻莫测的环境中做出相应的安排。这就是下达命令的关键所在。它要求你走出办公室，面对面地与前线将士们交流，了解他们在行动中遇到的问题，并使他们了解全局状况。这让前线的指挥官和部队明白为何他们要做他们正在做的事，这促进了分散管理权这一原则的有效实施（如第8章所述）。

对于一个履行承担所有责任原则的长官而言，如果你的部队没有如你所愿地行事，你首先应该检查自己。你不能怪他们没有顾全大局，而应该找到恰当的方式跟他们就此简单明了地交流沟通，让他们明白你希望他们怎么做。这才是下达命令的主要内容。

向上级提出建议

伊拉克拉马迪营：上级不明情况

"你们是开玩笑的吧！"我冲进战略指挥中心约克的办公

室，怒吼道，"他们是认真的吗？"

我们的指挥中心位于幼发拉底河岸一栋三层的大楼房里，2003年美军进入伊拉克之前，这栋房子里驻扎的是萨达姆的军队。而现在，这栋曾经金碧辉煌的建筑物已经破旧不堪，无法居住。这里是我们海豹突击队营地的中心，旁边是同样位于拉马迪城外的拉马迪营大前线作战基地。几千年来，入侵的军队都是从河岸边开进城市的：巴比伦人、亚述人、波斯人、希腊人、阿拉伯人、奥斯曼土耳其人、英国人，等等。现在，美军部队，包括海军海豹突击队和"猛士"特混支队，已经在这里驻扎一段时间了。

我将怒火都发泄给了约克，继续喊道："真不敢相信！他们老是向我们提荒唐可笑的问题，那怎么还能期望我们切实做出相应的作战部署呢？"

约克之前交给了我一封高级指挥中心发来的邮件，长官是我们海豹突击队的指挥官，邮件的内容是要求我们对查理野战排数小时后即将执行的任务做出详细说明。

作为"猛士"特混支队的长官，我直接听命于约克，他是我的直属长官。通常，约克上报战场情况是通过参谋来传达的，而送邮件来的正是那名参谋。"猛士"支队的驻扎地是拉马迪，然而总指挥和参谋却位于约30英里外的费卢杰城，2004年，美海军部队在这里进行过扫荡清理。2年后，费卢杰城一派祥和，跟战乱中的拉马迪截然不同。我们的作战部署需要得到我们的指挥官以及更高层的指挥官的认可，我们在拉马迪执行任务时，我们的指挥官和他的参谋也给我们提供了许多必要的资源和支持。

"有什么问题？"约克看出了我的恼火，问道，"是邮件吗？"他很明白我为什么恼火，他自己也因为上级不断的质疑和监视而烦恼不已。

"是的，是关于那封邮件，"我回答，"我们的任何小行动，他们都不知道！"我这里所指的"他们"，是指查理野战排和"猛士"特混支队以外的其他人。

约克大笑了起来，说："哈哈！我明白，你很恼火。我也一样——"

我打断了他的话："这真不正常。我们冒着生命危险，在伊拉克战场出生入死，为什么我还要回答他们有没有配备快速反应部队的那些鬼问题呢？"

快速反应部队包括配备装甲战车的陆海军部队、一两支小分队以及重火力，我们海豹突击队陷入困境，被敌军牵制住的时候，他们就会来支援。我们"猛士"支队的许多将士都曾来过伊拉克，有些人参与了多次战争。之前的战争中，我们都没有请求过快速反应部队的支援。但在拉马迪，这种情况却很普遍。每一次行动时，我们都明白可能会遭遇大批敌军的袭击，我们的位置很可能被敌人取而代之。刚来这里的前几个月里，我就已经数不清我们（查理野战排和德尔塔野战排里的海豹突击队队员们）请求快速反应部队支援的次数了。

　　约克刚刚递给我的那封来自指挥中心的邮件，提出的一系列问题是关于通过了行动部署之后，我们会怎么做的问题，这都是我们的指挥官希望知道的。其中的一个问题是："你们有跟快速反应部队合作吗？"

　　我认为这个问题简直就是对我们的侮辱。"他们真的以为，没有快速反应部队的协作，我们能够完成什么行动吗？"我问，"我们甚至为护航部队也配备了快速反应部队。这里是拉马迪，没有快速反应部队，任何行动都相当于自杀。"

　　约克微微一笑，过去数周，他也对我这样抱怨过，也许怨气

　　　　　　　　　　　　　　　　　　　　　　　极限控制

比他所想象的还要重。私底下，我们会对高层提出的某些问题嗤之以鼻。查理野战排最近的一次部署中，居然收到"在该次行动中，迫击炮是不是对我们的威胁"这样的问题。迫击炮——半英寸厚的钢板盒子里装着近20磅的烈性炸药——从天而降，强烈的冲击波朝四周直冲。通常，敌军的迫击炮击中的位置很准确，每一次任务，就算是待在基地里，迫击炮对我们而言都很危险。我们选择的房屋墙壁都较厚，这样可以在一定程度上免遭过大的冲击，而我们的行动常常令敌人捉摸不透，这样，敌人就无法猜到我们接下来的行动——我们必须将行动的风险降至可控范围之内。

我知道，面对上级提出的问题，约克也很恼火。但从那次之后，约克意识到，我们不该跟上级恼火。指挥官和他的参谋不是坏人，他们也不想增加我们的烦恼，阻挠我们的行动。他们只是想尽力做好自己的工作，给我们必要的帮助以便帮我们完成任务。但是他们并不在拉马迪，不在我们的战场上，他们并不知道我们每天要面对怎样的风险，也不知道我们是如何尽力控制每一次任务的风险度。并且，这里是战场，这里的危险层出不穷。在拉马迪，几乎每天都有美军伤亡。

"我们每天都要花时间回答一个又一个问题，"我说，"这让我们没时间为行动做出详细的部署安排。这真的很危险！"

约克明白，我是对的。但他希望我不要只关注自己的部队——查理野战排，我还应该顾全大局。约克努力让我平静下来，让我从高级将领的角度来看我们的任务。"指挥官希望通过我们的行动任务部署。如果我们要行动，我们就需要让他明白我们的行动，这样，他才能给予通过，然后我们才能采取行动。"约克说。

"但是我们回答得越多，他们问的也越多。"我反驳道，"他们希望，我们每次行动的前五分钟了解我们战车的情况，但我们总是在最后一刻都有变化。他们希望知道每一个与我们合作的伊拉克士兵的名字，但我也总是在出发之前才知道。"

约克只是点了点头，他明白我需要发泄。他明白，我是一个既有能力也有经验的指挥官了。过去的一年里，他指导我为这样严酷的战争做准备，然后便派我去前线指挥查理野战排作战。但他也知道，我除了要处理野战排和特混支队的任务，还需要明白向上级传递战况的重要性；我必须知道该怎样向上级汇报战况，并了解其重要性。

我们需要收集的情报量，以及为每次任务行动的通过所准备的纸质文件量不计其数，远不是人们在电影或电视作品里看到的那么少；年少时想要成为将领的我也未曾想过会有这么多文件。但是，这就是现实。

"我们知道，我们的行动对这里的战局影响很大，它们很重要。"约克说。我点点头表示赞同。

约克说："我们的每次行动都需要指挥官的同意，他必须了解我们的行动；要获得更高级别将领的同意，我们需要得到他的支持。因此，不要只顾着在这里抱怨，什么也不做，还是把战况报告给上级吧，让他们了解清楚，这样他们才会同意我们的行动部署。"

约克说得没错。指挥官和他的参谋不在拉马迪，没跟我们在一起，他们不会完全了解我们为降低风险所做出的努力，也不会明白，我们与美国陆海军战队以及快速反应部队建立起的紧密联系。

"我们不能期待他们会读心术，"约克说，"他们获得战况的唯一途径就是我们所报告给他们的信息、我们所写的报告材料以及我们所拨打的电话，如果他们还有至关重要的问题要问，那就只能怪我们的工作做得不够到位。"

"那么，他们应该来这儿。"我说。

"确实如此，"约克表示赞同，"但我们有没有告诉过他们，他们应该派人来了解情况？我知道，我没有这么做过。"

这种矛盾的想法大家都有过。通常，前线的部队希望高级将领离战场越远越好，这样就能避免他们的提问和对细节的质疑，比如军容军貌或是我们的部队是否已经出发，等等。

"我们在这里，在前线，我们需要将战况报告给上级，"约克说，"如果他们有问题，那只能说明我们没有将他们需要了解的信息上报，应该让我们来引导他们。"

"我们听命于他们，"我质疑道，"那又怎么能引导他们呢？"

约克因对上级的恼怒而自我反省的时候，突然顿悟，于是告诉我："将领们不但要下达命令，也要向上级汇报，我们必须掌握战场上的所有情况。这也是承担所有责任原则的主要内容。"

我明白他这话的含义，于是点了点头。我们合作的那一年里，他的教导从未出过错，相反，他总是教导我做我应该做的事。但这是一个全新的观念，与我之前所见到的和所受到的教导都不一样。我不能责怪他人，不能抱怨上级，而是要为出现的问题承担责任，不但要管理部下，还要引导上级。

"我们应该做自我检讨，看看怎样能做得更好，"约克继续说，"我们要做出更详细的报告，帮助他们了解我们所做的一切，以及我们为什么要做出我们所做的决定。我们的交流应该更加公开化，一旦他们提问，我们就要马上找到他们所需要了解的信息，这样，他们才会明白我们这里的情况。"

　　现在，我明白了。我们的指挥官并不是要拿问题来为难我们，而是在努力收集他们所需要的信息，这样他们才会明白我们的部署方案，使之得以让更高级的将领通过，而我们才能顺利展开行动，追击敌人。我需要为自己的消极态度做自我检讨，因为它是错误的，只会阻碍我们的行动。

　　我现在才明白了约克所承受的压力。"你说得对，"我说，"我可以随心所欲地责怪他们的所有质疑，但这一天结束后，我们的行动方案还是得不到通过。如果我给他们提供他们所需的情报，让指挥官对我们的行动感到满意，这样方案才更有可能通过，我们也才有机会给予敌人重创，赢得胜利。"

　　"你说得很对。"约克说。

　　那天之后，我们开始忙着将战况报告给上级。我们提供了详细的部署方案和战后汇报材料。

我们还将这样做的必要性告诉了野战排里的其他指挥官。我们邀请我们的指挥官们来拉马迪,并让他们参与我们的行动。我们的总指挥就参与过我们的几次行动。我们上交的情报和资料越多,我们的指挥官们就更明白,我们即将完成的是什么任务,他也就更加赞赏我们做出的部署方案,明白我们是如何与快速反应部队合作的,还有我们为降低风险而做出的努力。指挥官越来越明白我们的行动,完全支持我们,并允许我们执行任务。他和他的参谋建立起了对我们的信任,结果,我们执行的每次任务都获得了他的认可,这也让查理野战排和"猛士"支队在战场上大显身手。

原则

如果你的长官没有按时做出部署或是给予你和你的团队必要的支持,不要责怪长官。你首先应该责备你自己。履行承担所有责任的原则,检查一下,你要怎样才能更恰当地提出必须的消息,以使长官及时做出部署或给予你必要的支持。

向上级报告情况需要与直属上司(或用军事术语称之为"高

级指挥部"）巧妙斡旋以便获得决策信息，以及必要的支持来使你完成任务，并最终取得成功。为此，你必须将现场的情报提交给上级，让他提供必要的支持以助你们完成任务。

向上级报告情况比向下级传达命令更需要头脑和技巧。向上级报告情况，你不能依靠自己的位置优势。相反地，你必须用势力、经验、知识和交流手段，并保证自己消息的可靠性。

让你的上级明白你的需要时，你还必须知道，你的上司必须充分利用有限的资源来做出决策，与此同时，心中还要有大局观念。你不能争一时之先。不然，你的上级可能会做出与你所愿相反的决策。你必须明白并接受这一点。

你必须清楚，你的最重要职责之一便是服从上级——即直属上司。无论在什么企业部门还是部队，上下级必须团结一致。公然对上级表示不服或不赞同危害非同一般，并且会降低你的权威。无论任何组织还是团队，这样做都是致命的。

如果你不明白为何做出某项决策，你的请求没有得到许可，或者没有得到需要的支持，你必须向上级提问。明白了缘由之后，你必须将之通告部下。无论是战场还是职场，所有的意见都不可能完全统一。但那一天过去，对某个行动步骤的争论结束之后，你的上级做出了决策——即便那个决策是你之前所反对的——你都必须按这个决策的方案执行，好像你是支持这个决策的一样。

向上级报告的时候，你必须十分谨慎，而且态度要谦恭。但要记得，如果你的长官没有给予你所需要的支持，不要责备他（她）。相反，你应该重新检讨自己，看怎样才能更好地说服对方给予你需要的支持，让你获得成功。

无论向上级报备情况，还是向下级传达命令，都必须注意以下几点：

   ·无论向上级报备情况，还是向下级传达命令，你都应该采取负责任的态度
   ·若某人没有做你期望的事，首先检讨自己，看看怎样做才能达成所愿
   ·不要向上级询问应该怎么做，而是要告诉他们你准备做什么

第十一章　面对困境须冷静

立夫·巴宾

///////////////////////·////////////////////

伊拉克拉马迪狙击掩护：出击

"我在127号房子二楼的窗口发现了一名携带狙击式武器的家伙。"克里斯报告说。

这件事可是非同寻常。克里斯·凯尔[①]是查理野战排的首席狙击手——是野战排里最资深的狙击手，也是海豹突击队最优秀的狙击手之一。因为前一次被派遣到伊拉克时的出色表现，人们给他一个昵称"传奇"。现在，作为我们狙击行动的领袖人物，他一直对敌人展开猛烈攻势，运用的技巧可是超过了美军历史上最成功的狙击手。如果克里斯和其他海豹突击队的狙击手们能够准

....

[①] 克里斯·凯尔，《纽约时报》畅销书《美国狙击兵》的作者，后被改编成同名电影。

确捕捉到意图发动袭击的敌人，或者准确猜中敌军的意图，他们显然会出击，他们不需要经过我的同意。如果他们还要提问，那就说明对对方的情况还不明确。

"你能够确定对方的身份吗？"我问。

"我只看到了一个黑漆漆的人影，携带着一部狙击武器，只出现了一瞬间。"克里斯说，"然后他就离开了窗口，消失在窗帘后面。"

"明白了，"我说，"再说一次，是哪栋房子？"我察看了一下军事地图，这一区域内的所有房屋和建筑物都被标上了号。我们这次特遣旅部行动中的所有人，包括一些美国陆海军战队以及成千上万的陆军和海军陆上部队，使用的地图都是一样的，这一点很关键。但是，要将地图上的数字和街道名称跟我们实际看到的房屋和街道对应起来，这可真是不小的挑战。这里没有街牌号和门牌号，这里是拉马迪，战火将这里烧得一片狼藉。城市杂乱的街道和巷子里满是巨大的弹坑，房屋的墙壁都被子弹击穿了，墙壁上还留着阿拉伯"圣战"分子用油漆涂写下的标语，我们的翻译将之译为："我们将一直战斗，直到旗开得胜或是殉难而亡为止。"而我们来这里，就是要消灭这些"圣战"分子。

在凌晨的黑暗中，我们海豹突击队野战排跟在M1A2艾布拉姆斯主战坦克和布莱德雷战车后，步行进入了这一区域。我们将狙击掩护的地点选在了距美陆军战狼队准备建立的新前哨站约400米外的街道上一栋两层的房子里——这再次让我们深入了敌占区的中心地带。战狼队的士兵们进入这里的时候，我们可以为他们做掩护，并尽力击溃敌军的每一次袭击。

现在，太阳已经升起来了，100多名美军士兵进入了这一区域，清理附近的房屋。克里斯和其他海豹突击队狙击手已经杀了几个意图袭击的敌军士兵——这才是来拉马迪中南部的又一天的开始。每次交火之后，我都要向负责管理这个前哨站的美军部队——第1营第36团的战狼战队送战报。

狙击手们负责开枪射击。作为长官，我不用去扣动扳机，但我要负责指挥，与这里的友军协同作战。

然而，我们的首席狙击手克里斯报告说，二楼的窗口有携带狙击武器的人，这一情报却让人心生疑窦。我们的美军将士刚刚在这里对他所监视的房屋进行逐一清理，我们必须对所见的一切进行确认。我去了克里斯身旁，尽可能地俯身下去，以免他在调整枪口时，通过狙击镜，把我的头给打穿了，一边仔细地看着那个窗口，他刚刚就是通过那里看到有个携带着狙击武器的黑色身影。

"你仍然看得见吗？"我问克里斯。

"现在看不见。"克里斯回应道，都没有回头看我。

顺着他的视线看向他看着的街道，能看到那个方向数百米外的地方。街道和巷子紧挨着，一两层的房屋重重叠叠。我们只能看到几根低垂着的电线和一棵棕榈树，一辆停放的车辆。

近期，敌军狙击手在这里造成了惨祸，杀害了一名年轻的海军士兵，还伤害了更多人。瑞安·雅布丧生的地方距离我们目前的驻扎地不过几条巷子的距离。马克·李丧生的地方距我们这里也只有几栋房子那么远。他们的丧生对我们可谓沉重的打击，这一战我们都是为了报这私仇。我们尽了最大努力去牵制敌人，以确保我们海豹突击队和美军陆海军将士们能有更多人活着回去跟家人团聚。

击毙杀害了我们自己人的敌军狙击手，在某种程度上可以算是复仇，并且也保护了美军将士们的生命。但战场上还有友军——这一区域里还有美军将士，我们行动时一定要确认对方的身份。

我掏出了无线电——调到了野战排联络网——要求与战狼战队的首长通话。我们协作两个月以来，他是我很尊敬的领袖，也是一名优秀的士官。

"战狼，我是红牛①。"他接听之后，我说，"我们在127号房的二楼发现了一个持有狙击武器的人，你确定你们那边没有人在房子里吗？"我听到他联系负责那一区域内房子清理的将领，也是通过野战排联络网。很快，那名将领回复说没有。

"没有，"那名首长回答说，"我们没有人在那栋房子里。"他部下的将士们早在一两个小时前就已经将那里都清理了一遍。

"请你们开火，"他说。他部下的将领已经确认，他们的人不在127号房子里。因此，克里斯看到的人一定是敌方的狙击手了。由于敌人的袭击近在眼前，像我这样的将领自然希望我们海豹突击队的狙击手们抢先向敌人发起攻击。

....

① "战狼"和"红牛"均为我们在那次战争中使用的呼叫代号。

但我们的首席狙击手克里斯显然对现在这个状况不满意，而我也不满意。这附近驻扎着大量友军部队——战狼战队的将士们——就在克里斯见到那个携带狙击武器的人的后边。克里斯一直通过他的狙击侦查镜监视着那个窗口，耐心地等待着。他明白自己在做什么，也无须我的指令。

我再次通过无线电呼叫了战狼战队的长官。

"我们刚刚再次发现了那个持有狙击武器的人，在同一位置。"我对他说。

"收到。"他回应道，"将那家伙引出来！"他愤怒地吼道。无疑，他是这样想的：这些海豹突击队的家伙在等什么呀？敌军的狙击手对我们就是威胁：抢先杀掉他！

我们当然不希望战狼的将士们伤亡。我们来这里是阻止这样的袭击的，我感觉压力重重。那究竟是不是敌人，我不能确定，然而，我却要做一个决策。

要是不出击，我心里暗想，而战狼的某些将士们因我们没有行动而亡怎么办？那真是可怕，这个负担太过沉重了。

但是，我又想，如果我们采取了行动出击，结果那个窗口里的人是友军——美国士兵，又该怎么办？这种结果是最糟糕的。我知道，如果发生了这种事，我也没法继续余生了。尽管压力重重，我还是要后退一步，顾全大局。我记起了童年时，我父亲教我的双方交火时的安全法则之一：确定你的目标，并且清楚你行动的目的，这让我的决策变得非常简单——我们可不能碰运气而去开火。无论有多大的压力，我都不能冒这个险。

"不。"我向对方回应道，"这里友军部队很多，而我们又无法确认对方身份。我请你派一些士兵再次清理那栋房子。"

我们都不听命于彼此，他不能命令我开火，我也不能命令他清理房子。但我们之前合作过。作为将领，我明白他的想法，也尊重他，而且，我知道他对我可能也是如此。他本该相信我的判断。

我听到那名首长再次在线上呼叫他部下的军官，跟他讨论我的提议。从他们的语气中可以知道，他们显然不高兴。我让他们做的事——对敌占区的房子进行搜查——让他们的士兵们很危险，这时搜查很可能让他们中的部分人丧命。

"朝他开火！"那名首长再次说道，"将那家伙引出来。"

这次他说话的声音更加急迫而有力。

"不，"我很严肃地说，"我对这个决定不满意。"无论要承受多大的压力，我都不会让步。

那名将领简直忍无可忍了。他自己还负责指挥120名将士、大量的坦克和战车，而他的部下们还要负责清理那里几十栋房屋。除了负责这个敌占区的新哨所的建立，他还要协调战狼跟他自己的连队以及其他支援部队的行动。我们刚刚告诉他，我们刚才发现了一位携带狙击武器的疑似敌军士兵，很可能是敌军的狙击手。而现在我却要求他的将士们离开安全的哨所，在光天化日之下跑过混乱不堪的街道，冒着生命危险去清理房屋，只因为我们不愿意开火。

我不能因为那位将领的恼火而责备他，我很理解他。但克里斯是这世上最优秀的狙击手之一，他已经独自杀死了数十名敌军，自然不需要我命令，他便能自己朝敌人扣动扳机。他很明白，作为海豹突击队的将领，我需要根据掌握的情况，尽可能做出最好的决策。随着局势发展，如果情报有变，我们仍然有机会开火，并且也会更明白战场的实际情况。约克经常说，我们做决策要果断。但是果断的前提是要明白有些决策尽管很快就生效了，但情况也很可能很快就反转过去了；而其他的决策，如杀死一个人的命令，一旦生效执行了，就无法逆转。这一次，我将开火的指令延迟可能很快就会随局势改变而变化，而扣动扳机，朝那个模糊不清的人影开枪之后，一切都将无可挽回。

想到这里，我仍然坚持着，"不，"我通过无线电对那位将领说，"我们不能开枪，我请求你派人清理那栋房子。"

无线电设备里安静了一会儿，我明白那位将领只是强压着怒火不出声。然后，他勉强向部下传达了重新清理那栋房子的指令。从他的语气中，我知道他很恼火。但他也明白，他需要确认那栋房子里的情况。他派出了他的一支小分队，从他们所在的房子中出去，重新清理127号房子，并搜查克里斯在二楼窗口发现的"携带狙击武器的神秘人"。

"我们会掩护你们的行动。"我告诉对方。

"如果我们公然闯进去他还敢动，"他回应说，"那就宰了那小子。"

"收到。"我说。如果那家伙敢轻举妄动，克里斯就会开火。

克里斯的狙击枪一直对准127号房子的窗口，而我站在他身旁，一直戴着耳机，希望能很快联系上"战狼"战队的将士们。

突然，10名"战狼"的将士们冲出了房子，穿过了街道。

很快，一切都明朗起来。

"清理小分队停止前进，回到基地。"我对"战狼"的将领说。

因为我很快就发现了我们的错误。克里斯和我所观察的地方比我们之前发现的地方远了一个街区。我们没有在军事地图上察看127号的具体位置，而是看向了一个街区外的另一栋房子——而"战狼"的将士们恰好就驻扎在这里。尽管在这种城市战区的环境中，这样的错误很容易发生（其发生的概率之高任何美军将领都不愿意承认），但这种错误可能导致的后果真是不堪设想。克里斯在窗口看到的持有狙击武器的人不是敌军的狙击手，而是一位美军士兵，他躲在窗户后，军用的M16步枪上配有ACOG先进战斗光学瞄准用具。

感谢上帝，我想着，这真的要感谢上帝。我对克里斯最初的判断心怀感激——我特地让他不要朝不确定的目标开火。他已经做了他该做的事，要我去寻求指引。其他经验不足的人可能不等我的命令就扣动了扳机。我庆幸，我坚持己见，并最终做出了正确的决定。

尽管如此，这也让我惊出了一身冷汗，想想，刚刚我们差点就朝美军士兵开火了！如果我们屈从了压力，克里斯会将一颗大大的子弹送进美军士兵的体内，这几乎能要人命了。作为负责指挥的将领，无论是谁扣动的扳机，这责任都在我身上。带着这样沉重的心理负担度过余生，这可真是糟糕。我只能上交我的"海豹三叉"（即海豹突击队的队徽），并将我的战靴束之高阁。对于查理野战排和"猛士"支队而言，这会湮没我们所做出的所有贡献，侮辱我们所救的美国陆海军将士们。我如果下达了开火的指令，而克里斯也真的扣动了扳机的话，之前我们所做的一切都将失去意义。

我将无线电设备调到"战狼"的网络上，向那位将领解释了刚刚发生的一切，他也明白这种错辨房屋的事多么容易发生。我们没有开火，他也如释重负地重重呼出一口气。

"真高兴你没有听我的，"他说。

战场硝烟弥漫，一切都没有定数，尽管有人强迫我们开枪，我也要果断行事，在这次行动中就是果断阻止了首席狙击手朝目标开枪，因为我们并不能确定对方的身份。在拉马迪，我们面对过多次这样的局势，这一次只是其中之一，它们教会了我们，在不确定的情况下果断行事是多么重要。

无论战场上还是生活中都是一样，情况不明，结果不定，成功与否从来都不确定。但为了获得胜利，即使面对压力也要淡定，按逻辑行事，而不能凭感情用事。即便压力重重，优秀的军人仍然能保持冷静的头脑，做出最佳的决定。想要获得成功，做到这一点非常关键。

原则

战场上，我们必须忍受的战乱不能确定的局势，这种压力任何军事史书籍、电影和电视剧目都无法准确体现出来。我们几乎不明全局，也不明白敌人做出的举动和反应，甚至都不知道暂时的决定可能导致的直接后果。在战场上，专注于行动的人对袭击的第一印象可能是呼啸而过的炮弹，以及炮弹爆炸之后的惨状，被炸开的混凝土碎片残渣以及受伤的同伴们的惨叫。紧迫的问题

　　　　　　　　　　　　　　　　　　极限控制

是：对手在哪里？他们有多少人？我们这边有没有人受伤？如果有，那有多严重？其他友军部队在哪里？朝我们开枪的是不是友军？他们是不是弄错了才朝我们开火的？这些问题几乎不可能马上就得知答案。某些情况下，我们永远不可能得知答案。无论如何，我们都不能被行动的结局吓倒。关键是，我们在不确定的时刻要果断行事，基于当前的情况做出最恰当的决策方案。

无论海豹突击队还是其他美军部队，这都是我们在伊拉克和阿富汗战场上的摸爬滚打中所学到的最重要的课程之一。战争还没有结束。我们必须自如应对出现的状况，并能做出恰当的决定，然后根据战局的变动以及所收集的情报快速调整战略。情报收集和研究很重要，但情报信息必须结合合理的推测，并且不能妨碍人快速做出生死攸关的决策。等待想出完全合适的解决方案只会延误时间，让人犹豫不决，并妨碍人们的行动。我们必须凭借之前的经验以及对敌人行动方式的了解，对可能出现的结果做出预估，并推测出当前局势下所需要的情报，做出恰当合理的估计。

以上原则不止适用于战场，我们每个人生活中都会出现，例如决定是否要去就医，或者是否要在大风暴来临之前避让开。这一原则尤其适用于决策。也许，我们可能不会陷入生死攸关的境地里，但他们所面临的压力也是巨大的。大量的资金可能流失，市场变幻莫测，竞争对手计策层出不穷，职业生涯和薪水能否保住都成问题。结局远不可测，成功没有定数。尽管如此，我们也必须在危难之时保持冷静，尽管局势不明朗，行动也必须果断。

极限控制

第十二章 对立统一 ——纪律与自由

约克·威林克

//

伊拉克巴格达：改变纪律

"目标地已保护。"我们的海豹突击队野战排内部网连接的无线电上传来了这样的报告。我们已经带着一颗大炸弹冲进了目标房屋的前门，海豹突击队的战友们清理了每一间房屋，控制住了敌人，并确保我们已经控制了整栋房子。现在我们要确认一下死伤和俘虏的人数，并收集相关的情报。

这是我第一次来伊拉克，我的职务是海豹突击队野战排的排长。我们的大部分行动任务都包括了我们称之为直接行动的"俘虏/杀害任务"或者有针对性的袭击。这是我第一次来伊拉克，这一次的任务我们几乎是晚上独自作战。

任务的过程大抵相似，因此有些事是可以预料到的。根据我们的上级提供的情报，或是之前的经历，我们首先要判断敌人的位置。然后，我们才会做出部署，对目标房屋——即敌人的根据地和避难所——进行攻击，以便俘获暴恐分子，收集与他们活动有关的情报。进入目标房屋之后，我们快速清理了所有的房间，并控制住房间里的人。然后，我们会对房间里达到参军年龄的男性进行快速的战况提问，弄明白哪些是可疑的暴恐分子，并将他们拘禁起来，将他们关进拘禁房，约束他们的行动，并仔细盘问他们。离开前，我们还会搜查房屋以获取情报和证据，根据伊拉克的法律来对我们刚刚俘获的人定罪并决定获得的财物去留。这些财物可能是炸弹的制作材料、武器，也可能是其他的，它能让我们发现暴恐势力，能帮助我们打消对所拘留的人和物的疑虑。

我们对城区巡逻、破门出入、俘虏并杀死目标房屋中的敌人很有经验，但我们不是警察，在海豹突击队受训时，对搜查房屋、收集情报以及用恰当的方式收集证据进行的训练又很少，那做这些有多难呢？野战排的前几次任务时，我们这支经过训练、手持武器的队伍将那个地方扫荡一空。敌人很擅长隐藏武器和证据，而我们海豹突击队最拿手的正是破坏现场，找到其中隐藏的事物。我们将家具、空办公桌和橱柜的抽屉都打翻在地，从墙上和窗口扯下图画照片和窗帘，我们打碎了任何看起来像是可以藏东西的物件，包括电视、柜橱和收音机等。其实，赃物都是在出人意料之外的地方找到的。但是，这个过程中，我们已让搜查地变得一片混乱，我们不得不将刚刚已经搜查过的地方再次清理一遍。也就是说，刚刚打碎或打翻到地上的东西我们都要再查一次，察看一下地毯下面有没有活盖，那里面可能藏着赃物。尽管我们通常能够找到想找的证物和情报，但有那么几次，关键的情报和证物被我们随手丢弃，没有找到，因为我们事先没有安排特定的负责人管理赃物。整个搜查房屋、收集情报的时间很长，全部做完大概要花45分钟的时间。在目标房屋里抓人，找赃物，引爆炸弹，附近的人都知道我们在那儿，所以，我们也更容易遭遇当地暴恐武装力量的袭击。

我们执行过几次这样的行动任务之后，新的伊拉克法院系统（包括伊拉克法官和美籍的法律顾问）对证物的搜集要求更加严格，还要求出示人和物的扣留证（以及其他相关的纸上文件），加上一份手写说明，解释证物的来源——地址详细到哪栋屋子的哪间房。只有具备了这些条件，证物的可信度才会更高一点。

很快，我们海豹突击队野战排不成熟地、毫无组织地搜索——扫荡式搜索——问题更大了。于是，我派副排长——也是部队的助理军官——去想一个更有效的搜集证物的方案，以确保我们的行动符合伊拉克的新法规。这名副排长年轻气盛、活力十足，且很有进取心，他行动的积极性被调动起来了。他很严肃地接受了这一使命，并开始行动。

几天之后，他将他的部署方案递交给了我。这个方案初看似乎很复杂，完全违背了我们简单行事的原则。然而，他详细解释给我听之后，我才发觉，每个人的任务都很简单，而与此同时，我们先头突击部队的其他成员还能进行其他的任务。事实上，这个方案很简单，是提高我们搜查证物效率的系统性的方法。这个方案要求搜查队的每一个人都要负责相应的任务：一个人画出房屋结构的略图，另一个人给每个房间标号，第三个人用影像设备拍摄下它的位置；每个房间都由一名海豹突击队战士负责，我们称之为"房主"，负责房间里的一切。搜查必须有条理性：先从地板开始，这样我们之后便不用再清理放置在地面的杂物了。

"房主"要收集搜查中找到的赃物或可能的证据，并将它放在他的背包里。他可以给背包做个标记，这样，大家才会明白谁在哪个房间里找到了证据。搜查结束后，每个房间的"房主"要在之前标记的房号上画一个×，这样，大家才知道，这间房子刚刚已经搜查过了。最后，"房主"可以保留对赃物包的所有权，我们回到基地之后，他可以按"保管链"程序，私自交给情报收

　　　　　　　　　　　　　　　　　　　　　　　极限控制

集小组。回到营地，画略图用的图纸和标号用的纸都会铺在地板上，上面还有房间号码。突击队会排队进来，将自己的证物包放在相应的位置上。情报小组确认信息的时候，他们已经知道了那些证物是在哪栋房子的哪个房间里找到的，他们也知道是谁收集了这些情报，这样就不会有类似的问题出现。

这个方案初看上去很复杂，但拆分到每个人身上的任务却非常简单。另外，我认为，如果每个任务要花10分钟完成，而且又是同时完成的话，这个过程可以让我们提高行动的效率，而且远比我们乱翻乱找要快得多。

这位副排长的绝妙方案大大提高了我们证物搜集的速度。现在，我们要将这个方案简单明了地通告整个野战排。我让这位副排长制作一些幻灯片来介绍这个新方，这个方案简要地介绍了各人的职责以及方案想要达成的目标。我们召集了野战排所有人，向他们传达了这个方案的内容。

人们都拒绝改变，因此我们的新方案立刻就遭到了抵制。"这太耗时间了，"一位海豹突击队成员说。

"我们为什么要改变方案呀？如果没有什么问题，就不要修改嘛！"另一个人附和道。

"我可不想在找寻的时候遭到敌人袭击！"一位海豹突击队军官抱怨道，"这样肯定会有人丧命的。"按他的想法，实施这个方案会让我们的人丧命。

显然，我们整个战排都不赞成这个方案。

因此，我应该出来解释实施这个方案的原因。"听着，"我说，"这里有谁经常搜查别人已经查过的房间吗？"大家都承认做过。"谁曾经察看了目标房屋乱糟糟的卧室，猜测这里是否被搜查过了呢？"无疑，大家也都是这样的。我继续说："上一栋目标房屋楼上的厕所是谁搜查的？"他们都朝我翻了翻白眼。我知道答案，于是告诉他们："谁也没有。"我们刚刚确认过漏查了那间厕所，因此我们再次回到了那里。"我们确实没有做到最好。有了更好的搜集证物的办法，我们就能够顺利完成任务了。这个方案是一个标准化的方案。我们有纪律，又经过了训练，我们这次的搜查会比上次效率更高。因此，我们准备实施这个方案。我们先试验几次，看看效果如何。"

虽然还是有人抱怨，但整个野战排还是犹犹豫豫地开始了任务。我们整理好装备，出发去了一些废弃的房屋里，因为我们在开始任务之前去那里训练过。到那里之后，我们再次商讨那个方案，然后我们会实际演练一次。第一次演练花了半个小时，这时间也挺长，但还是没超过之前的45分钟。然后我们又去了另一栋房子里，再次试验。现在，大家都明白了自己的职责，也更理解了我们为什么要用这个方案。第二次只用了20分钟。接着，我们又赶往了第3栋房子，这一次只用了10分钟。现在，大家都相信了这个方案。按规律行事果真大大提高了我们行动的效率，这就意味着，我们更不可能错过重要的证据线索和情报。它还提高了我们办事的速度，这样，我们花费的时间更少，也降低了敌人反击的风险。

那天晚上，在巴格达市中心的实战任务中，我们第一次运用了这种新的方法。我们像上了发条一样，清理、防卫并搜查了目标房屋——这整个过程不超过20分钟。我们返回营地，收集的所有证物都按房间序号排列整齐了。后来，我们又想到了更节省时间的办法：制作拉链袋挂在俘虏的脖子上，让它们收纳各自的物件以及在他们身上找到的证据。我们换用这种规律的固定搜查方式，只稍稍做了一点点调整，很快便提高了行动的效率。

用这钟新方式不仅提高了我们的行动速度，我们搜集证据的质量也大大提高。用之前乱翻乱找的办法，我们的时间浪费了大半，而且我们无法找到那根本没藏多紧的证物，每晚能够搜查的房屋数量也就不多。但是，运用新的有规律的方法，我们能够快速完成搜查，一个晚上能查2~3个目标地的房子。因为遵循这样的规则，我们便能自由行动。遵守纪律规则就等于自由。

早晨第一个闹钟铃一响，这一天的规律生活便从此而始。我之所以说"第一个"，是因为我有三个闹钟，这是我在海豹突击队受训的时候，一位令人敬畏的教官教给我的。一个电动的，一个是上电池的，还有一个是上发条的。这样的话，我就不会为不起床找借口了，尤其是那种非常紧要的关头上。闹铃结束之后是第一次考验，这为整整一天的行动奠定了基础。这个测验很简单：闹铃结束之后你已经起床了吗，还是还舒服地躺在那里，又睡着了呢？如果你能遵守纪律起床，你就赢了——你通过了这次考验。如果你那时候因不愿意起床而仍然赖在床上，那你就输了。尽管这只是一个很小的细节，但却能让人从中看出更重要的内涵。但如果你遵守纪律，这也能说明你生活的规律性。

在海豹突击队的训练中，我明白了，如果我想要在一定的时间里去了解我们所获得的专业资料，收拾好军装以待检查，或只是伸展一下疼痛不已的肌肉，我也得抽出这个时间，因为这些时

极限控制

间并不在我们的作息时间表里。我对我属下的第一支海豹突击队战队做了个调查，他们也是这样。如果我需要时间来整理装备，清理武器，研究数据资料或是新的技术，我就需要自己争取时间。而争取时间的唯一方式，就是早起。而这，就是纪律。

早起是我在海豹突击队里看到的第一个因纪律而让人变得优秀的例子。我见到一些年长的、经验丰富的海豹突击队成员们都是这样早起的，那些身先士卒的都是大家认为最优秀的"士兵"。他们的作战技术和武器装备精良，而且是最优秀的射手，也是最受人敬仰的——这都要归功于他们严守纪律。但我并不是说他们是很严肃的军人，或是只会遵循死板命令的军人。相反地，这个"纪律"指的是严格的自律——是遵循他们自己意愿的意思。与我合作的最优秀的海豹突击队员们自然也是最自律的，他们每天都很早起床，每天都要出去执行任务，他们研究数据资料和新科技，他们进行自我训练。他们中虽然有人出去寻欢作乐，喝酒，一直熬夜到凌晨时分，然而，他们仍然能很早起来，并且遵守纪律。

海豹突击队员们执行任务的时候，纪律是非常重要的。海豹突击队的战士们可能要扛50~100磅重的武器装备。而战场环境不是极热就是极冷。巡逻休息时，战士们也不能松懈一下，把装备放下来。他们必须按战略要求，静悄悄地行动。他们想要吃喝，也不能把一切都丢在一旁，去包裹里翻找。相反地，他们必须等到了安全地点再说。尽管他们可能因缺少睡眠而疲惫不堪，但休息的时候，他们也必须保持警惕，这样才不会因敌人出现而受惊。什么事都不容易，想走捷径的想法总是有的，就跟早晨仍然赖在床上睡觉不起一样简单，然而，无论是部队还是企业团队，要要获得最终的胜利，纪律是很重要的。

尽管纪律意味着克己自律，但事实上，遵守纪律真的会给人自由之感。如果你能够自律早起，那你就有更多的空闲时间；如果你遵守纪律一直身穿军装配备武器，那就会习惯它们的存在，并且可以带着它们自由行动。你越是遵守纪律，体能越是强壮，你就会觉得装备越轻，这样你行动也会更自如。

我晋升为军官之后，便一直在努力提高自己的个人修养，我很快发现，自律不仅是个人最重要的品质，对一个团队而言也很重要。团队的行动越有纪律，他们就会更自如地履行分散管理权（见第8章）的原则，因此他们的行动也会更快速更高效。个人自律，他就会更加优秀；团队的行动有纪律，那么他们的行动也会取胜。

我带着"行动必须受纪律约束"这种思想进入"猛士"特混支队。尽管海豹突击队各战队的纪律不一，但是，作为"快速军事行动"部队，我们面对敌人的手段、巡逻的方式各战队都差不多——而我们则更规范：我们上车的方式是固定的，我们在目标地的房子里集合的方式形成了规范，我们离开房屋的方式是固定的，我们清点人数的方式是标准统一的。我们的无线电用语甚至都成了规范化的语言，这样我们收集的关键信息才能又快又准地传达给整个部队，而不会造成误解和困惑——我们所做的一切都有其固定的标准模式。

　　无论是过去还是现在，我们遵循的严格的纪律规章都是矛盾而统一的。这种规章纪律并没有让我们变得更死板，无法随机应变，相反，它让我们更加灵活多变，效率也大大提高，它让我们变得更有创造力。当我们行动中想要临时更改部署方案时，我们无须更改整个方案。我们可以在规章制度的约束下自由行动，我们所要做的就是将它们联系起来，并对更改的方案内容做出解释。我们想要混合搭配各火力部队、小分队甚至是战排力量的时候，我们可以很容易做到，因为每支部队的基本行动步骤都是一样的。最后，也许是最重要的是，一旦问题出现，战争开始，我们就会按照纪律行事，勇敢面对战场最艰难的挑战。

尽管纪律规章的条条框框越多，就意味着有更多的自由，但有些部队受到规章制度的约束太多，甚至限制了部队以及将领们自主思考并做出决策的能力。如果执行任务的部队和将领们没有适应能力，那对整个部队的表现危害极大。因此，我们必须把握住纪律与自由之间的平衡。而纪律的矛盾之处正在这里：纪律——严格的规章制度和掌控——看起来似乎跟完全的自由截然相反，人们的一言一行都会受到限制，就连思维也不可能天马行空。然而，事实上，纪律并不是自由的反义词。遵守纪律是通往自由的途径。

原则

我们行事必须小心谨慎。这也是我们所处的位置富有挑战性的缘由所在。正如纪律和自由是必须掌控的平衡一样，我们必须要擅长在看似矛盾的两种特质之间找到平衡。我们最强有力的武器就是能一眼明辨这些矛盾。有了这种能力，我们才能更好地掌控这些矛盾之间的平衡，并且效率才会高。

我们不仅要善于决策，还要乐于听从。有时候，别人——也许正是你的同事或是下属——可能更能做出部署和决定，或者率

　　　　　　　　　　　　　　　　　极限控制

众走出某个困局。也许在某个特定的领域，其他人才更专业或者更有经验。也许他想到了更好的解决问题的办法。我们必须乐于接受这一点，放下自尊心和所谓的脸面，以让整个目标尽可能完成。别人进步了，担起了责任，我们不必介怀，缺乏自信的人才会害怕被别人比下去。如果我们成功了，我们可能会意识到成功并不是因为自己，但是我们不能顾虑这一点。情况需要的时候，接受别人的意见是有足够自信的表现。

我们必须要果敢但不能过于专横。海豹突击队以他们敢于面对艰难的挑战完成任务而著称。也许有人认为我果敢过分了。但是，我尽最大的努力，让别人感觉，跟我提出问题、建议、甚至反对意见时，是轻松没有压力的。如果他们遇到什么问题，或者想到了更好的行动方案，无论对方是什么等级的军士，都欢迎他们带着疑问和不同的观点来见我。我会聆听他们的意见，跟他们讨论他们提出的新方案，并最终做出结论，如果确实有理有据，他们大部分人乃至全部都会同意的。如果新的方案不奏效，我们会究其原因，并且也会更理解我们即将要做的事。跟我讨论完之后，我的同人、下属也会明白，如果他们试图抱怨环境险恶，或者被逼去完成任务，他们最好还是将这些怨言抛到脑后。

我们必须冷静，但不能死板。表露情感是很正常，某些情况下也是必要的事。所有人必须明白，他们的长官在意他们以及他们的幸福。但是，你必须懂得控制情绪。如果你连情绪都控制不了，那么别人又怎能期盼你能控制其他的事物呢？你无法控制自己的怒火，那也会失去民心。但与此同时，不生气、不悲伤、不失意，那么你看起来就像个机器人一样死板，没有感情。人可不会听从机器人的指令。

当然，必须自信，但不能自负。自信是有感染力的，对我们任何人和团队都非常有利。但如果过于自信乃至自负的话，就会变成自满和自高自大，自然无法收获成功。

必须勇敢，但不能莽撞。我们须乐于接受风险，并勇敢地出击，但绝不能鲁莽大意。我们的职责就是要尽可能降低风险，这样，风险能降到可控范围之内，任务也能顺利完成，而不浪费所有人所付出的努力以及所有重要的资源。

必须有竞争意识，但也要敢于接受失败。我们必须引导竞争，并使所有人发挥出最佳的水准。但不能将自己的成功看得比团队的成功更加重要。我们必须有专业性，并且能看到别人的贡献。

必须关注细节，但不能被它们所左右。优秀的人绝不会太过

极限控制

关注细节而忘记全局。优秀的人在重要任务的关键时刻会掌控并检查相关的人的进度。但是不能太过关心细节而忘记了全局。

我们不仅在体能上要身强体壮，而且心理上也要有忍耐力。我们必须有能力发挥最佳水准，眼光要够长远。我们必须要懂得如何鞭策自己和他人，这样才能总是保持最佳的水准。

我们必须谦逊但不能冷漠，冷静但不能沉默。我们必须谦逊，能够控制自己的自尊心，并倾听他人的意见。我们必须敢于承认错误和失败，并为它们承担责任，并想方设法阻止它们再次出现。但特定的时刻，我们必须要能清楚地表明看法。我们必须能够挺身而出，为自己的团队礼貌地拒绝对团队的成功产生不利影响的决策、命令或指导。

我们必须要亲近他人，但不能过于亲密。最优秀的人必须了解他的伙伴，以及他们的生活和家人，但不能太过亲近某个成员，以让他（她）比其他人更加重要，甚至超过了团队的任务。

最后，我们必须实施承担所有责任的原则，但与此同时也要分散手中的管理权。

除此之外，我们还要处理无数必须调和的矛盾。总的来说，如果我们自己也举步维艰了，那这问题背后的深层原因就是我们只关心了矛盾的一头，而罔顾了另一头。认识到了这种矛盾的人就能发现缘由，因此也能够及时纠正过来。

"极限控制"的"矛盾"：

优秀的人必须

· 自信而不自大

· 勇敢而不莽撞

· 关心细节却不会为之左右

· 坚强且有耐力

· 善于指挥也要乐于服从

· 果敢而不专横

· 平静而不沉默

· 冷静而不呆板，有逻辑而不乏情趣

· 跟伙伴打成一片，但不能太过亲近，让其他人取代了你，更不能让坏人取代了你

优秀的人无须证明，但要掌控一切。

后　记

———❦———

　　卓越的人究竟是天生的还是后天养成的？这个问题是有答案的。当然，有些人生来就有"卓越"的气质，例如，个人魅力，绝佳的口才，灵活的头脑，行事果断，乐于接受别人所无法承受的风险，在混乱、高压的情况下仍然能够保持冷静，等等。而其他人可能并不是天生就具备这些能力。但只要乐于学习，并且为了能够有所提高和改善，而能谦逊地接受别人建设性的建议，经过实践和规律性的训练，天生没有什么才能的人也能够蜕变成高才干的人。即便是天生便有卓越的气质，如果不能谦逊地承认自己的错误，看不到这些错误导致的后果，并且不寻求帮助，不努力学习，不求上进，那他们也无法成为优秀的人。只要具备"极限控制"的思想，任何人都可以学习提高，并成长为优秀的人。只有通过实践的磨砺，才能获得本书所述的那些品质，才能塑造更优秀的人，并让发挥出最佳的水准。实践是很关键的，而且只有通过实践，才能奠定你施展才干的基础。

卓越的人并不总能够想出特定的策略或办法获得成功。但履行"极限控制"的人可以引导别人想办法获胜。历史上最冷静、最成功的计划部署从不是某个高高在上的人制定的，而是前线的士兵想出来的。高明的将领只是有勇气接受那种部署方案并实施。

"极限控制"是一种思想，一种态度。如果你履行"极限控制"的原则，并在工作与生活中建立起这种氛围，其他人就都有了头绪了。很快，你便不再需要关注决策的细节问题了，而能够在执行任务的时候顾全大局。所有人都应该树立这样的目的，即不被自己的工作所束缚；这就是说，你必须不断地训练比你更低级别的人，让他们做好承担更大责任，担任更高职位的准备。只要得到了恰当的指导，低级别的人最终能够取代他们的你，并让你的才能得到更进一步发挥。

本书所提到的大部分内容都源自过去。我们并不认为自己是多么卓越的天才典范。我们所学习到的大部分知识都已经存在了相当长时间了。但是，尽管这些原则从理论上很容易理解，但要运用到生活中却很难。这些东西很容易理解，但不容易掌握。

"极限控制"既是一种艺术，也是一门学问。相关的问题都没有标准的答案或公式可以套用。无论何时，都会出现大量既非黑也非白的灰色地带。任何的挑战都有许多可能的解决方案。有些方案可能是错误的，只会导致更多的问题，而有些则能解决问题，并让情况恢复正常。"极限控制"本身是极富挑战性的，而且需要实践练习。不是所有的决策都能解决问题，我们也会犯错误。无论是多么经验丰富，有进取心的人都无法避免错误。对你而言，谦逊地承认错误才是关键所在。没有人期待你是完美的。如果你犯了错误，并勇敢地为此承担责任，这一点也不会减少别人对你的尊敬。相反，由于你敢于承认错误，并为此而承担责任，最重要的是，还能从中汲取教训，其他人会更尊敬他。

　　没有哪本书能教你面对任何困境。本书也只是为你在面临艰难困境或要做出重大决策时提供必要的参考或样本。你所面临的问题可能不一样，每个人的个性特征也不一样，但这必要的原则是一样的，都能够直接或间接地为你所用，以解决你所面临的问题和挑战。

　　尽管我们每一个人的成功与否没有保障，但有一点是肯定的：军人是最富挑战性的工作，因此，也是最能让人产生成就感的工作。所以，无论你是做什么行业的，你都可以借鉴"极限控制"，带领你走向胜利的巅峰。

后记　　　　　　　　　　　　　　　　　　　| 249